中国百年变革的

重大问题

ZHONGGUO BAINIAN BIANGE DE
ZHONGDA WENTI

陈先达 著

人民出版社

目　录
Contents

绪　论

中国百年历史变革中的辩证法

一、历史发展的连续性和转折

二、历史在解决老问题提出新问题中前进

三、强起来要主动解决富起来留下来的旧问题，
　　积极破解强起来的新问题

四、中国与世界的关系也受辩证法规律支配

历史高度决定思维深度。当代中国已进入中国特色社会主义新时代,站在历史新方位回顾中国近百年来伟大社会变革,反思中国从站起来、富起来到迎接强起来的历史过程,如高处之俯瞰来路,可以深刻把握中国历史变革的规律性。习近平总书记在党的十九大报告中指出:"中国特色社会主义政治发展道路,是近代以来中国人民长期奋斗历史逻辑、理论逻辑、实践逻辑的必然结果,是坚持党的本质属性、践行党的根本宗旨的必然要求。"研究中国近百年变革的历史辩证法,可以提高我们坚持中国特色社会主义道路和习近平新时代中国特色社会主义思想的自觉性。回溯过去,展望未来,我们满怀信心地继续走在近百年奋斗筑就的历史之路上。

一、历史发展的连续性和转折

中国近百年历史,从纵向看经历了站起来、富起来到迎接强起来的历史发展过程。各个阶段有其独特的历史内涵和历史使命。它们不可分割，一个阶段为下一个历史发展阶段提供了前进的台阶并提出了新的有待解决的问题。

中国共产党领导的革命、建设、改革，既具有历史的连续性又有重要关头的伟大转折。连续性和转折构成中国近百年波澜壮阔、跌宕起伏、一个奋斗接一个奋斗的历史途程。贯穿这三阶段的主导思想就是习近平总书记在党的十九大报告中提出的"不忘初心，牢记使命，高举中国特色社会主义伟大旗帜，决胜全面建成小康社会，夺取新时代中国特色社会主义伟大胜利，为实现中华民族伟大复兴的中国梦不懈奋斗。"其指导思想是马克思主义和当代中国的马克思主义，而领导核心则是中国共产党。

"多难兴邦。"中国经历一个多世纪的民族苦难，在中国共产党领导的革命胜利后，终于站起来了。这有其历史必然性。马克思主义揭示的规律具有普遍性，但规律起作用的条件永远是具体的历史的。从普遍性角度说，生产关系改变的合理性，必须建立在旧的生产关系不能容纳生产力进一步发展要求，而新的更高的生产关系已经在母胎中成熟的基础上；从具体性的角度说，由于各国社会的发展程度和历史条件不同，生产力需要发展到何种水平，生产关系才不能容纳它继续发展，这个条件是具体的历史的，并没有统一的标准。当代西方发达资本主义国家，生产力发展水平高，但它的生产关系仍有容纳生产力发展的余地，因而它们在一定程度上和一定范围内可以进行自我调节，这是西方发达国家虽然时时发生危机和冲突，但至今仍然没有发生马克思曾经预期的社会革命的原因。按照马克思主义对两个必然性规律的揭示，资本主义制度并非历史的终结，但社会变革的时间、方式和途径则要视各国具体条件而定。

中国革命的必然性和合理性根据在于中国社会自身的社会基本矛盾，西方发达资本主义生产力的水平并不是衡量中国革命是否合理的标准。革命是具体的，发生革命的国家也是具体的。具体问题具体分析是辩证法的灵魂。旧中国生产力落后，但旧中国的生产关系更加腐朽，它严重阻碍生产力发展。毛泽东在《中国社会各阶级的分析》一文中指出："在经济落后的半殖民地的中国，地主阶级和买办阶级完全是国际资产阶级的附庸，其生存和发展，是附属于帝国主义的。这些阶级代表中国最落后的和最反动的生产关系，阻碍中国生产力的发展。"其突出表现就是中国自身的民族工业处于衰败的困境，民生凋敝，国弱民穷。而建立在这种落后的经济基础上的上层建筑，其政治代表是腐朽的统治者，而政府则是最腐败的政权。这就是经济文化落后的中国，发生革命却早于发达资本主义国家的原因。穷则思变。旧中国的穷，表明生产关系和上层建筑严重阻碍了生产力发展。中国社会自身社会生产力与生产关系的矛盾、经济基础与上层建筑的矛盾的激化，才是中国革命必然性的内在根据。

中国的站起来不仅决定于社会基本矛盾的激化，还决定于有无革命政党和自觉的革命精神。马克思主义在中国的传播，中国共产党的成立，中华民族的文化传统都是中国革命的主体因素。中华民族这样一个有民族生命力和五千年传统文化的民族，当近代由于生产力与生产关系、经济基础与上层建筑矛盾如此尖锐且无法解决，致使中华民族陷入存亡绝境时，必然会从这种矛盾中产生一种相反的积极力量，产生历史杰出人物和运动，力挽狂澜，救民族败亡于水深火热之中。李大钊先生就曾经说过："历史的道路，不全是平坦的，有时走到艰难险阻的境界，这是全靠雄健的精神才能够冲过去的"。

中国之所以会产生中国共产党，中国共产党之所以能领导中国革命并取得胜利，正是社会矛盾的激化和自强不息的民族精神的结合。中国人民在中国共产党的领导下，在马克思主义和马克思主义中国化理论指导下，经历28年艰苦奋斗，成立了中华人民共和国。中华人民共和国的成立表明中国人民从此站起来了。新中国诞生的前夜，在中国人民政治协商会议第一届全体会议上发表的开幕词中，毛泽东同志对各位出席会议的代表说："我们有一个共同的感觉，这就是我们的工作将写在人类的历史上，它将表明：占人类总数四分之一的中国人从此站立起来了。"

　　历史的辩证法往往表现为历史的连续性和因果性。如果没有中国革命的胜利，没有建立一个独立自主，摆脱半殖民地半封建地位的新中国，没有以中华人民共和国的成立为标志的中国人民站起来了，就不可能在几十年后出现规模宏大影响深远的改革开放，由站起来过渡到富起来的阶段。同样如果没有改革开放以来的巨大物质积累和经验积累，没有开辟中国特色社会主义建设的道路和理论，就不可能继续开启建立社会主义现代化强国的新时代。习近平总书记之所以强调中国革命的历史逻辑，就是因为站起来、富起来、强起来不可能跳过任何一个阶段。人们并不是随心所欲地创造历史，并不是在自己选定的条件而是在既定的，从过去承继下来的条件下创造历史。历史的发展具有连续性、内在关联性和因果制约性。

中国近百年的历史逻辑表明，没有站起来就不可能有富起来，没有富起来就不可能有强起来。我们应该从规律性高度理解它们的关联性。割裂对三个阶段连续性及其重大转折的理解，就不能理解中国近百年历史发展的辩证法。改革开放的伟大成就及其开辟的中国特色社会主义实践和理论新境界，已经通过事实本身证明了它是中国社会主义历史连续性中的又一次重大转折，也是世界社会主义运动史的伟大创举。

对站起来、富起来、强起来三个阶段的历史连续性和转折关节点的辩证理解，不仅关系到对改革开放前后历史的评价，而且关系到我们的历史观，关系到中国近百年历史的规律性和可理解性。任何把改革开放前后历史绝对对立起来的观点，都不可能理解改革开放是在什么基础上展开的。如果没有中国革命的胜利和社会主义基本经济制度和政治制度的建立，没有建立相对比较完整的工业体系，改革开放就缺少经济前提和政治前提。习近平总书记关于改革开放前后历史不能对立的观点，坚持辩证唯物主义和历史唯物主义，充满哲学智慧和政治智慧。他在党的十九大报告中说："我们党团结带领人民完成社会主义革命，确立社会主义基本制度，推进社会主义建设，完成了中华民族有史以来最为广泛而深刻的社会变革，为当代中国一切发展进步奠定了根本政治前提和制度基础，实现了中华民族由近代不断衰落到根本扭转命运、持续走向繁荣富强的伟大飞跃。"

习近平总书记用飞跃来形容站起来的伟大意义，不是偶然的。中国革命的胜利，中华人民共和国的成立的确是中国近代史上的一次伟大飞跃，因为它为中国以后的发展开辟了最美好未来的前景，而不是某些人描述的中国跌入了一个阴暗世界、悲惨世界、专制世界。极少数人刮起民国风甚至北洋风，称颂和留恋那个时代是不可取的。其实，连有见识的西方学者都承认改革开放前后不能绝对对立。英国学者斯蒂芬·佩里在回答《环球时报》记者提问时涉及这个问题。他说："有人试图将新中国分为邓小平之前和之后的时代，这样做太简单化了。改革开放之前的时代，我会说'没有毛泽东就没有现代中国'，中国之所以能在1978年实行改革开放，包含了之前很多年的努力和试验，例如如何保持中国的统一，如何应对贫穷、重大疾病及教育与医疗资源的匮乏等。没有这些铺垫，改革开放是不会在那个时间点发生的。"

　　三个阶段不可分割，还关系到我们如何看待中国现代化的问题。有些学者说，从洋务运动开始中国就踏上了现代化之路，是中国革命打断了这个进程。按照他们的观点，如果没有中国共产党和中国共产党领导下的革命，中国照样能够实现现代化。这是违背历史事实的妄说。在中华人民共和国成立之前的旧中国，在强大的帝国主义经济支配下，民族工业的生存和发展空间极其有限，根本谈不上中国自己的工业化。这一点，凡是读过茅盾《子夜》，知道主人公吴荪甫命运的人都能懂。没有革命的胜利，没有中国站起来的历史大转折，在一个没有国家主权、没有民族独立的中国要实现现代化，纯属梦想。四个现代化是在中国人民站起来后提出来的国家战略目标，全面建设社会主义现代化国家是在中国强起来后提出来的实现中华民族伟大复兴的重要内容。殖民化不是现代化。即使在有些被殖民的国家会出现一些新式工业和进行一定的基础性建设，那是服务于殖民者获取利益需要的工业和基础建设，而不是为了被殖民国家的现代化。中国有段时间曾出现过"如果中国被殖民三百年，早就现代化"的荒唐言论。现在还有人以不同方式继续发表这种谬论。这是根本不懂国家独立和现代化之间关系，更不懂社会主义现代化和社会主义制度不可分割关系的无知之言。一个被压迫民族，是不可能实现现代化的，正如带着镣铐的人无法跳远一样。

从辩证法角度看，站起来、富起来、强起来是实现中华民族伟大复兴事业的有机组成部分，不可分割，不能缺少其中任何一环。这是中国近代百年历史发展的辩证法，也是马克思主义和中国实际相结合理论创新的辩证法。

二、历史在解决老问题提出新问题中前进

马克思曾经说过："世界史本身，除了通过提出新的问题来解答和处理老问题之外，没有别的方法。"其实，中国近百年的历史规律同样如此。毛泽东同志在天安门正式宣布中国人民已经站起来了，解决了一个从维新变法到辛亥革命所没有解决的老问题，解决了长期纷争不休的中国向何处去、出路何在、是全盘西化还是中体西用的老问题。中华人民共和国的成立表明，解决中国出路问题不是维新、不是变法、不是改良，而是革命。只有以马克思主义为指导，从中国实际出发才能探求到中国的真正出路。习近平总书记明确指出："中国先进分子从马克思列宁主义的科学真理中看到了解决中国问题的出路。"

　　站起来后，解决了中国出路何在这个老问题，又须面对如何收拾国民党丢下来的烂摊子，使中国很快摆脱一穷二白，能够在较短时间内富起来，甚至强起来的新问题。这是涉及经济、政治、文化多个领域建设的问题。这是中国站起来后的历史发展的必然要求，是中国共产党的历史使命，也是全体中国人民的热切期望。如果中国通过革命胜利只是在政治上站起来了，而不是对社会进行全面改造，开始朝富起来、强起来的方向前进，那何必革命呢？革命本身不是目的，而是实现中华民族伟大复兴的必经之路。

　　中华人民共和国成立后的头30年，是完成新民主主义革命，并向社会主义建设迈进的历史时期。从社会主义发展阶段来说，它是社会主义初级阶段中的始初阶段，必然具有任何事物在始初阶段所具有的不完善性和不成熟性。"其作始也简，其将毕也必巨。"这是规律性现象。中国社会主义建设是在一穷二白基础上，是在没有自身建设经验中摸索前行的。再加上曾经发生的"左"的错误，导致中国社会主义发展进入瓶颈期。其深层原因是社会主义建设实践自身提出的新问题：人民生活贫穷是社会主义社会吗？以阶级斗争为纲是社会主义建设的基本路线吗？

中国社会主义能在计划经济和单一的公有制的基础上继续获得活力吗？改革开放不是偶然的，它是在一个历史转折时期，对前 30 年存在的问题和体制性缺陷寻找新的答案，有着深刻的经济、政治、社会和民意基础，符合中国社会主义发展的历史逻辑。

改革开放是中国特色社会主义道路上的伟大创举，是中国近百年历史的又一次重大转折。它开辟了中国社会主义历史发展的新局面，开辟了中国特色社会主义实践和理论创新的新境界。1976 年 10 月粉碎"四人帮"从政治上扫除了继续前进的障碍，可思想往往落后于现实。从政治逻辑和思想逻辑辩证关系来说，政治格局的改变可以一夜之间实现，可思想解放更为困难。1978 年关于真理标准问题的讨论起到了思想大解放的作用。正是在思想解放和实事求是思想路线恢复的基础上，中国社会主义发展重新获得了新动力和勃勃生机。

从历史逻辑来说，头 30 年的成就为进一步发展提供了前进的基础，而其中存在的问题和体制性缺陷又成为继续发展的障碍。这些障碍成为为什么要改革、改革什么，为什么要开放、如何开放所需要解决的新问题。什么是社会主义和如何建设社会主义，正是对前一阶段存在的问题的总体性的提问，而这个提问中包含经济、政治、思想和体制多方面丰富内涵的展开。放弃以阶级斗争为纲，转到以经济建设为中心，提出"一个中心两个基本点"的党的基本路线；由计划经济体制逐步转变到实行社会主义市场经济；由单一公有制转变到以公有制为主体多种经济成分共同发展，等等，中国经济发展获得了前所未有的新动力。正如习近平总书记指出的："我们党深刻认识到，实现中华民族伟大复兴，必须合乎时代潮流、顺应人民意愿，勇于改革开放，让党和人民事业始终充满奋勇前进的强大动力。我们党团结带领人民进行改革开放新的伟大革命，破除阻碍国家和民族发展的一切思想和体制障碍，开辟了中国特色社会主义道路，使中国大踏步赶上时代。"没有改革开放，也就没有现在的中国。我们热烈庆祝改革开放40周年，原因正在于此。历史逻辑、政治逻辑、思想逻辑的统一在改革开放中得到呈现。

富起来，是对40年改革开放成果的标志性概括。的确，改革开放使中国开始富起来，成为世界第二大经济实体，成为世界贸易大国，成为外汇储备最多的国家。富起来为中国特色社会主义进入强起来的新阶段提供了多方面的条件。如果没有改革开放积累的财富，我们不可能在国防、教育、卫生、社会保障，以及扶贫脱困方面投入大量资金。民生是立国之本，人民生活的富裕既是社会主义的硬实力，也是软实力，因为它体现了社会主义制度的优越性。可以说，富起来使站起来站得更牢。富起来，也使强起来成为可能。经济是基础，是综合国力最重要的组成部分。中国改革开放成就是举世瞩目和公认的。我们用40年走过了西方主要发达国家上百年才达到的大体相当的发展水平。

历史发展是辩证的，只要发展不要问题是不可能的。在站起来的阶段，我们解决了民族独立的问题，踏上了建设社会主义新中国的道路，但我们的人民生活还比较清苦，并且体制上也还存在诸多不完善之处和缺陷。这些问题，在富起来的阶段通过改革开放得到较好解决。但富起来有富起来的问题，我们开始在总体上摆脱贫穷，原有体制的弊端得到调整、新体制逐步建立，社会充满求富、奔富的活力。但在迅速发展中又积累了新的问题和新的矛盾，包括政治生态中贪污腐败现象多发、自然生态中环境破坏严重、文化生态中理想和信仰的缺失、社会生态中贫富分化悬殊，等等。这些问题是埋伏在强起来之路上的隐患，必须在强国之路上得到解决。

三、强起来要主动解决富起来留下来的旧问题，
　积极破解强起来的新问题

不同阶段有不同的问题：穷有穷的问题，富有富的问题，强有强的问题。穷则多困，贫困阻碍生活的提高；富则易侈易骄，骄奢催生社会不良现象；强则多忌，会遭受来自外部对发展各种方式的遏制和阻挠。因此，强国之路不仅要解决富起来留下来的旧问题，还要面对强起来的新问题。习近平总书记强调："当前，改革发展稳定任务之重、矛盾风险挑战之多、治国理政考验之大都是前所未有的。我们要赢得优势、赢得主动、赢得未来，必须不断提高运用马克思主义分析和解决实际问题的能力，不断提高运用科学理论指导我们应对重大挑战、抵御重大风险、克服重大阻力、化解重大矛盾、解决重大问题的能力，以更宽广的视野、更长远的眼光来思考把握未来发展面临的一系列重大问题，不断坚定马克思主义信仰和共产主义理想。"

习近平总书记提出人民日益增长的美好生活需要和不平衡不充分的发展之间这一新时代的社会主要矛盾，并且一再强调中国仍然处在社会主义初级阶段，就是因为我们发展不平衡不充分，富起来仍然是相对的。我们国土面积

大，人口多，我们的国民生产总值用 13 亿人平均，排名在世界上还是相对靠后的。况且人民对美好生活的向往不能单纯用 GDP 衡量，它的内容是多方面的。我们要贯彻新发展理念，坚持以人民为中心，抓住人民群众最关心的现实利益问题，不断保障和改善民生、促进社会公平正义，使改革成果更多更公平惠及全体人民，不断促进人的全面发展，朝着实现全体人民的共同富裕迈进，大力改善生态环境，坚持人与自然和谐共生，建设美丽中国。我们要大力提倡科技创新，把核心技术掌握在自己手里，避免受制于人，建设科技大国、文化强国。

按照历史辩证法，我们不能把站起来、富起来、强起来视为相互取代的历史阶段，而是要认识到后一阶段包括前一阶段的成果并要继续解决前一阶段出现的问题。我们要充分认识中国近百年历史变革的伟大意义，它的确是中国几千年历史从未有过的大变化。但同时我们应该实事求是地承认，我们的"富"和"强"仍然是相对的。

历史不能简单相比，但历史经验可以借鉴。尤其是社会主义的历史经验更具有直接的可借鉴性。苏联从 1917 年十月革命到克里姆林宫红旗落地，时间为 74 年。俄罗斯在列宁领导下通过十月革命站了起来，英法美等 14 国军队的进攻没有把它扼杀在摇篮里。苏联在解体之前，当时也可算一个富国，因为它的 GDP 约是美国的 60%，考虑到它的人口，人均比我们现在要富得多。至于说强，苏联解体前是个强国，是世界上唯一能与美国相比肩的强国。美苏是世界上两个超级大国，是两霸。可谁也没有料到苏联解体，社会主义在苏联遭到失败。这表明一个社会主义国家，要站得牢、富得久、强得硬，必须坚持共产党领导，高举马克思主义旗帜，必须把马克思主义基本原理与本国实际相结合才能立于不败之地。否则一旦发生颠覆性错误，就会半途夭折。

习近平总书记对政治方向问题、对中国道路问题、对理想信仰问题非常重视。他一直教导我们要有忧患意识，要防止发生颠覆性错误。党的十八大以来，以习近平同志为核心的党中央以巨大的政治勇气和强烈的责任担当，提出了一系列治国理政新理念新思想新战略，出台一系列重大举措，推进一系列重大工作，解决了许多长期想解决而没有解决的难题，办成了许多过去想办而没有办成的大事，推动党和国家事业发生历史性变革、取得历史性成就。特别令人振奋的是习近平总书记非常重视党的建设，坚持社会革命和自我革命的统一。推动全面从严治党，毫不手软地反对贪污腐败。非常重视坚持马克思主义在意识形态领域中的指导地位，让马克思主义旗帜在中国天空高高飘扬。在社会主义国家，共产党的领导、马克思主义的指导地位、社会主义制度的繁荣和发展不可分割。克里姆林宫红旗落地可以发生在一瞬之间，可苏联社会主义的失败可不是一夜之间，而是已经经历了几十年的政治和思想的蜕变期。冰冻三尺岂是一日之寒。前车之覆，后车之鉴，岂能不慎！

纪念马克思诞辰 200 周年，中国最为隆重。在庄严的人民大会堂，中央政治局全体常委出席，几千名马克思主义理论工作者参加庆祝大会，习近平总书记发表了缅怀马克思伟大人格和历史功绩、重温马克思崇高精神的重要讲话。如此隆重、如此庄严、如此规格，向全世界传达了一个重要信息：不管中国发展到何种程度，中国共产党都不忘初心、牢记使命。任何人都不要指望中国共产党会放弃中国道路，接受西方的所谓"普世价值"。习近平总书记在报告结尾以铿锵有力之声传达的就是这个信息："前进道路上，我们要继续高扬马克思主义伟大旗帜，让马克思、恩格斯设想的人类社会美好前景不断在中国大地上生动展现出来！"马克思主义旗帜应该在中国天空永远飘扬，中国特色社会主义道路应该一直走下去，习近平新时代中国特色社会主义思想应该永远坚持。

世界并不平静，社会主义之路并不平坦，改革也不可能是绝对完美、绝对完善、一步到位。解决老问题，防止出现新问题。改革没有句号，因为问题没有句号。每次新问题的解决，都使中国特色社会主义前进到一个更高的阶段，也是中国特色社会主义理论的新发展、新境界。这符合社会主义发展规律，恩格斯说过所谓社会主义不是一成不变的，而是经常变化和改革的社会。也符合《矛盾论》和《实践论》阐述的对立统一规律和实践与认识关系的规律。中国特色社会主义实践推动理论的发展，而中国特色社会主义实践和理论都是在解决矛盾中发展的。

四、中国与世界的关系也受辩证法规律支配

中国从站起来、富起来到强起来的历史进程，不仅是中国历史的深刻变革，同时也是影响世界政治格局、世界历史进程的变革，是中国与世界互动关系性质的变革。

中国与世界的关系同样是受辩证法规律支配的。马克思 1853 年发表在《纽约每日论坛报》的评论文章《中国

革命和欧洲革命》中，曾经用历史辩证法"两极相联"即对立统一观点考察中国与欧洲的关系。马克思说："'两极相联'这个朴素的谚语是一个伟大而不可移易地适用于生活一切方面的真理，是哲学家所离不开的定理，就像天文学家离不开开普勒或牛顿的伟大发现一样。"并说："中国革命对文明世界很可能发生的影响却是这个原则的一个明显例证。"马克思的这个判断在当代中国的社会变革中得到最明显的证明。

中国是一个有五千年传统文化的文明古国。在以往几千年历史中，直到明代前期，中国在世界仍占有重要地位，向世界贡献了中国文明，也吸取了其他国家的文明成果。中国与世界的交往是和平的、互惠的。中国是爱好和平的国家。在近代西方资本主义产生以后向外侵略和殖民的时代，中国曾经遭受帝国主义列强的宰割和侵略，是受害者、被压迫者。西方列强在中国与世界关系中，处于矛盾的主导方面。从站起来开始，中国逐步从世界的边缘走向世界的中心，但中国从不追求主导世界。毛泽东说过，中国应该对世界作出更大贡献。中国开始强起来后，这个方针没有变，也永远不会变。从 2001 年加入世界贸易组织到共建"一带一路"的倡议和构建人类命运共同体，都显示了作为踏上强国之路发展中的大国，中国虽然已经改变了近代在世界格局中屡遭侵略和挨打的地位，但不会走国强必霸的老路，而是同各国人民一道，积极构建人类命运共同体，不断为人类和平和发展作出新的贡献。中国坚持对外开放，促进了世界经济的发展，同时也发展了中国。中国的开放政策符合历史潮流，符合世界各国的利益。中国与世界的关系是互利共赢的良性互动的辩证关系。世界离不开中国，中国也离不开世界。

第一章

坚持中国共产党的领导

一、中国共产党的领导与社会主义制度不可分离

二、不断加强党的执政能力和干部队伍建设

三、要跳出历史周期率必须全面从严治党

四、斗争是马克思主义政党实现自身历史使命的
  必由之路

五、中国共产党人必须毫不动摇地坚持文化自信

一、中国共产党的领导与社会主义制度不可分离

中国共产党的诞生先于中国社会主义制度的建立。中国共产党建立已经 90 多年，而社会主义基本制度的确立才近 70 年。没有中国共产党的建立和领导的革命，就没有中国的社会主义社会。这与西方资本主义制度的建立历史过程不同。美国的民主党和共和党、日本的自民党和民主党等都是资本主义制度确立以后建立的。美国的独立战争不是由政党领导的战争。日本资本主义制度是在明治维新以后逐步建立的，而自民党、民主党都是在第二次世界大战以后建立的。资本主义社会是在封建社会胎中逐步孕育成熟的，没有资本主义政党也可以建立资本主义社会。资本主义社会的政党是选举政党，是为选举而建立的政治组织。社会主义则不同。它是要在推翻旧制度的基础上建立新制度，没有一个以马克思主义为指导的无产阶级政党领导的斗争，就不可能建立社会主义社会制度。这是历史

　　唯物主义中的一个重要理论问题。资本主义社会是包含在封建社会中的资本主义经济发展到一定程度才产生制度化的资本主义，而社会主义社会是建立于旧制度中的共产党经过长期斗争才建立的社会主义。这种历史特点决定了，为选举而组织的资本主义社会政党可能实行多党制，而为创造社会主义而建立的无产阶级政党只能是一党制。中国共产党的领导与社会主义社会之间的这种不可分离的特殊关系，是历史形成的，是不可改变的。

　　在中国，坚持中国共产党的领导和坚持社会主义制度，是一荣俱荣、一损俱损的关系。共产党如果放弃社会主义理想和信仰，则不再是共产党而是挂着共产党招牌的假共产党。如果没有以马克思主义为指导的有组织的无产阶级政党为之奋斗，那么社会主义只能是一种学说，不可能成为运动和制度。因此，共产党与社会主义之间的彼此脱离是两者的不幸。恩格斯在 1891 年致倍倍尔的信中说："德国党和德国社会主义科学之间哪怕是有一点不协调，都是莫大的不幸和耻辱"，更不用说二者之间出现裂痕了。当代世界社会主义运动中，这种两隔离的状况不断出现。共产党的社会民主党化和科学社会主义的不断民主社会化，同时并存。这种趋势违背了历史规律，只能是既断送科学社会主义，又断送共产党。

在"两个坚持"中，关键是坚持共产党的领导。社会主义制度的建立、巩固、改革，起决定作用的是共产党，因为它是领导者。取得政权后，最大优势是什么？是手中有政权，能运用手中政权办大事、办实事，实现社会主义理想。可最大危险是什么？也是取得政权，难在执政。取得政权前中国共产党腐化的可能性很小，几乎没有。残酷的斗争，敌人在帮助清党。意志不坚定者、背叛者，一个个被清除出去。留在党内提着脑袋干革命的都是信仰最坚定者。执政表明地位的变化。地位的变化说明参加共产党不仅没有危险，而且可以带来某种利益。腐败与权力同行，俄国十月革命时，几万党员能夺取政权；而70年后几千万党员却丢掉了政权。明白这个道理，就会明白为什么最大危险来自党内，就会明白"两个坚持"中关键是坚持共产党的领导。坚持共产党的领导，重中之重是纯洁党的队伍，提高执政能力，清除腐败。这个问题看起来是政治学问题，其实它包含一个重要的哲学问题。

制度是由人创立，由人来维护的。社会主义制度也是如此。没有社会主义社会，共产党可以在条件成熟时通过革命创建社会主义；而社会主义社会一旦不由共产党领导，则社会主义仍然可以回到资本主义。这就是为什么我们始终反对多党制，始终坚持中国共产党领导下的多党合作制的原因所在。

二、不断加强党的执政能力和干部队伍建设

新时代最显著特点是发展迅速．我们已经取得如此重大成绩，举世瞩目。为什么还要居安思危，增强忧患意识呢？这不是从一般道理上说的。凡居安必须思危，这是我们历史的经验和先哲们的教训。这里说的不是抽象的哲学道理而是实际的"安与危"的问题，是值得忧虑的问题。在世界上，我们是挑战和机遇并存，机遇多于挑战；在国内，我们是成绩多于问题，问题是前进中的问题。只要有机遇，就会有挑战，挑战存在于机遇中；只要有矛盾，就会有问题，问题存在于矛盾之中。

在中国，实现全面建成小康社会目标需要继续奋斗几年，基本实现现代化需要十几年，巩固社会主义制度需要几代人甚至几十代人坚持不懈的努力。这是很长的历史时期。要应对国际局势的变化，要克服国内各种矛盾和困难，要一代又一代人始终不渝、毫不动摇地坚持中国特色

社会主义道路。这是一条存在困难和风险的道路，我们必须居安思危和增强忧患意识。

风险存在何处？既有来自困难的客观的风险；更有应对风险的能力和决策的主观的风险。当今世界是资本主义和社会主义并存、交往的世界。经济全球化更强化了两种制度之间的联系。西化和分化的危险是始终不应被忽视的，但对我们来说，在研究客观风险时，更应着重化解风险能力的研究，就是关于党的执政能力、干部队伍的建设研究。

中国共产党是高度重视自身建设的党，无论是革命时期还是社会主义建设时期都是这样。特别是改革开放以后，建设什么样的党和怎样建设党，成为中国特色社会主义科学理论体系的重要组成部分。立党为公，执政为民，是我们党的宗旨。在当代中国，我们党不仅是执政的党，而且是领导改革开放伟大革命的党。我们的任务更艰巨、更困难，但我们所处的环境完全不同于战争年代，经济成分多样化，分配方式和就业方式发生了重大变化，党员来自不同阶层。在一个社会主义国家，最大风险可能来自执政党自身。我们党作为中国工人阶级先锋队，只有永远保持中国人民和中华民族先锋队的本质，成为中国特色社会主义事业领导核心，坚持党的基本路线，才能成为化解前进中任何风险的决定性力量。保持党的先进性，是坚持中国特色社会主义道路，实现中华民族伟大复兴的根本保证。

一个社会的状况如何，人民是否满意，是否拥护，最重要的是"吏治"，柳宗元在《答元饶州论政理书》中说过，对国家危害最大的是"贿赂行而征赋乱"。这当然是指封建社会。但这种说法对我们的干部队伍建设也有警示意义。在我们国家，党的正确路线确定以后，干部具有决定意义。中国特色社会主义的旗帜，各级干部首先要高高举起；中国特色社会主义的路线、方针、政策，各级干部首先要去贯彻落实。没有一支全心全意为人民服务的高素质、高水平的干部队伍，坚持中国特色社会主义伟大事业和道路就有可能受到挫折。改革开放以来，我们党干部队伍的文化水平、才能和政治素质都有很大提高。但毋庸讳言，一些干部中存在的权钱勾结、腐化堕落现象，也是触目惊心的。尤其是一些高官纷纷因贪腐落马，更是令人忧虑。我们党一直强调，反腐败是关系党和国家命运和前途的大问题。党的十九大政治报告中再次强调，"腐败是我们党面临的最大威胁。"党的十八大以来，我们在惩治腐败方面取得了重大的成绩，在预防腐败方面也不断出台新的政策和措施。但反腐败仍然是一项长期的复杂的和艰巨的任务。我们应该认识到，腐败是"居安思危和忧患意识"中的重要问题，是对社会主义国家的重要威胁。

三、要跳出历史周期率必须全面从严治党

现在国家的最大特点是政党政治，西方也有政党，中国也有政党。但是西方没有提出从严治党这个问题，它的政治文化里没有从严治党的问题，只有共产党才有从严治党的问题，为什么？因为西方的政党它不负担国家的命运，它只负担怎么掌权。共产党不一样。从时间上来说，从马克思建党开始，共产党担负的就是人类解放的任务，无产阶级解放的使命；从中国来说，中国共产党从建党开始，就担负着中华民族复兴的伟大使命。所以中国共产党如果腐败的话，如果变成"政客的政党"的话，那影响的就不是一个政党，影响的是整个民族的命运。所以从严治党是中国共产党一贯的主张。

中国共产党决定中国的命运，它是不一样的。民主革命没有中国共产党领导推翻不了三座大山；社会主义革命

没有中国共产党领导改变不了社会制度；改革开放没有中国共产党领导搞不了。除了中国共产党，没有哪一个政党有那么大的魄力，领导 13 亿人口的中国进行这样一个自我革命。这也是为什么要从严治党，它不仅是关系到一个政党的掌权的问题，还是关系到 13 亿人命运的问题。你看看苏联就知道，苏联共产党垮台，不仅是关系到苏联共产党一个党的执政问题，还关系到整个苏联的国运。所以必须从严治党。

从严治党最大特点是什么，没有终止，永远在路上，这句话非常重要。社会主义不是一代人的问题，它是几十代人的问题。社会主义真正在中国能够建成一个富强民主的中国，而且以后要走下去的话，哪一届的领导都不能腐败，必须有中国共产党的坚强领导。要不然接班接不下去的，苏联就没接下去。到赫鲁晓夫的时候就打断了。到了戈尔巴乔夫，到叶利钦基本上就没有了，它接不了班了。从严治党永远在路上是什么意思？就是说腐败是随时可能发生的。为什么？整个大环境变了，世界交往变了，西方思想的侵入方式变了，市场经济调节下的利益导向变了。

有人很奇怪，过去怎么出了那么多贪官？是整个环境变了，但这不是最重要的原因。最重要的原因是我们对市场经济条件下如何从严治党还是缺乏经验。当时主要的注意力是把经济发展起来，经过这一段时间以后，我们发现光是发展经济不行，党要腐败的话，经济发展了是"为人作嫁衣"。中国共产党和西方政党的政治文化不同在哪里呢？西方的政党不能决定西方制度的命运，而中国共产党是决定中国的前途和命运的政党，所以它必须从严。因为它是唯一的领导党，习近平总书记说了，党政军民学，东西南北中，党是领导一切的。如果你自己都腐败了，你领导什么呀！

从严治党对我们来说是一个很重要的问题，习近平总书记上任以后这方面抓得很好。反腐败既牵涉到党的组织问题，也牵涉到整个社会风气问题、转变民风问题，特别是党的吸引力、号召力、向心力问题。人民渴望一个清廉的政府，渴望一个清廉的不腐败的共产党。

要跳出历史周期率，必须全面从严治党。如果不从严治党的话，中国的社会主义革命和建设可能夭折。习近平总书记说了，过去先进不等于现在先进，现在先进不等于永远先进。不断全面从严治党才能保证党生机勃勃的生命活力，才能永葆青春。

四、斗争是马克思主义政党实现自身历史使命的必由之路

从规律的高度看待斗争，就不会陷于盲目的斗争；从斗争的高度看待规律，就不会消极无为，期待规律自动实现。

斗争是哲学概念，具有最普遍的概括性，是唯物辩证法对立统一规律中的重要范畴，也是马克思主义政党实现自身历史使命的必由之路。马克思主义强调的斗争不是盲目的斗争，而是在客观规律指导下人的能动性的高度发挥，它是有理有利有节的。与自然规律不同，社会规律不会自动形成和实现，其形成和实现均离不开人的实践活动。虽然革命是基于社会基本矛盾激化又无法解决所产生的规律性现象，但它何时发生、以何种方式发生、斗争的结局如何，都与人们在实践中对规律的认识和运用密不可分。从规律的高度看待斗争，就不会陷于盲目的斗争；从斗争的高度看待规律，就不会消极无为，期待规律自动实现。

历史是最好的教科书。读读中国近代史就会发现，鸦片战争以后，中国陷入内忧外患、亡国灭种的险境，山河破碎，民不聊生。"我自横刀向天笑，去留肝胆两昆

．

仑"……许多志士仁人前仆后继、视死如归，其斗争精神永留青史。

中国共产党是用马克思主义武装起来的政党，始终坚持以马克思主义为指导，坚持从中国实际出发，不断提高认识规律的自觉性，发现了中国民主革命的规律，深化了对中国社会主义革命和建设规律的认识，特别是对中国特色社会主义建设规律的认识达到了新境界。以规律性认识为指引的实践经验，凝结为中国特色社会主义道路，升华为中国特色社会主义理论体系，转变为中国特色社会主义制度，形成为中国特色社会主义文化，其中就包括规律性认识结出的丰硕革命文化之果。中国共产党90多年的历史证明，只要我们的斗争实践符合规律，就能转危为安、夺取胜利；如果违背规律，就会招致挫折、由主动变为被动。

当今世界，经济全球化已成为必然趋势。习近平同志指出，面对经济全球化带来的机遇和挑战，正确的选择是，充分利用一切机遇，合作应对一切挑战，引导好经济全球化走向。世界正处于大发展大变革大调整时期，这要求我们在面对单边主义和贸易保护主义的斗争中提高对人类社会发展规律的认识，全面深化改革开放。进入新时代，在我国社会主要矛盾发生转化的情况下，只有深化对社会主义建设规律的认识，才可能把握和增强改革的系统性、整体性、协同性。还应看到，在思想日益多元化和社会主义市场经济深入发展的条件下，执政党自身建设和自我革命面临着许多新情况新问题。任何信仰缺失和庸政、懒政、怠政的现象，都会严重影响党的先进性和纯洁性。必须深化对新时代共产党执政规律的认识，不断推进党的伟大自我革命。中国特色社会主义新时代，是成就辉煌灿烂、前途如日东升的时代，也是风险与机遇并存、挑战和发展相伴的时代。期待躺在安乐椅上过着逍遥岁月的想法，是同这个伟大时代格格不入的。只有不断深化对"三大规律"的认识，才能更好地进行具有许多新的历史特点的伟大斗争。

实践没有止境，对规律的认识也没有止境。中国特色社会主义是人类历史上前所未有的伟大事业，我们不可能在各个领域完全达到对规律的自觉把握，这是一个逐步深化的过程。新时代，党员、干部应带头学习掌握辩证唯物主义和历史唯物主义的实践观、规律观、矛盾观，正确认识社会规律与伟大斗争的关系，防止经验主义和教条主义的干扰，在建设社会主义现代化强国、实现中华民族伟大复兴的征程上一棒接着一棒跑下去。

五、中国共产党人必须毫不动摇地坚持文化自信

习近平总书记在庆祝中国共产党成立 95 周年大会上的讲话中指出:"文化自信,是更基础、更广泛、更深厚的自信。在 5000 多年文明发展中孕育的中华优秀传统文化,在党和人民伟大斗争中孕育的革命文化和社会主义先进文化,积淀着中华民族最深层的精神追求,代表着中华民族独特的精神标识。"

对中国共产党来说,文化自信不是一个纯学理问题,而是一个事关中国革命、社会主义前途和实现中华民族伟大复兴的大问题,也是一个事关党的思想理论建设的大问题。作为中华优秀文化继承和发展者的中国共产党,不仅对自己民族的优秀传统文化充满自信,而且对在长期革命和社会主义建设与改革中创造的革命文化和社会主义先进文化,同样满怀自信。中国共产党人的文化自信既是一种对民族力量的自信,也是一种对党的力量、对人民力量的自信。坚定的文化自信是中国共产党人不忘初心、领导中国人民克服任何艰难险阻奋勇前进的精神支柱。中国共产

党人必须毫不动摇地坚持文化自信。中国共产党是领导国家事业发展的核心力量，也是当代中国改革开放的领路人。中国共产党人应该在坚持文化自信上发挥示范、表率作用，激励全体党员和全国人民。

历史经验证明，一个没有自信的民族，是不可能自立于世界民族之林的；一个没有自信的军队，是不可能战胜敌人的。共产党亦是如此。号称共产党但没有自信，最终必将是一个党心涣散没有凝聚力没有战斗力的党，会逐渐失去它在政治生活中的地位和作用。西方资本主义国家中一些曾经拥有大量党员而且在政治舞台上起过重要作用的共产党，而今在世界政治中变得无足轻重，就昭示了这个道理。苏联共产党这样一个党员众多、执政 70 多年的党，最后自行宣布解散，其中一个重要原因就是它失去了继续领导的信心。这个自信丧失最根本的原因，就是丧失了对马克思主义和共产主义理想的信仰，完全倒向西方资本主义和新自由主义。

第二章

历史唯物主义与中国道路

中国道路问题，是最为世人关注的大问题。中国选择什么道路，中国向何处去，不仅关系到中华民族的命运和全体中国人民的切身利益，也会改变世界政治格局和大国之间的力量消长。"中国威胁"论、"中国经济崩溃"论等，本质上都是以话语形态出现的包含对中国道路取得的伟大成就的焦虑和恐惧。

一、中国道路与中国方案

中国道路，就其一般意义而言，包括中国革命、建设、改革所经历的全过程。对过去来说，是中国革命和社会主义建设的历史；对现实而言，它就是中国当代的社会主义实践；对未来而言，它就是中国为之奋斗的实现"两个一百年"奋斗目标和中华民族伟大复兴，最终实现共产主义。作为一个整体，它就是中国共产党领导中国人民革命和建设的实践历史过程。中国共产党90多年来走过的道路，内蕴着中国共产党人的文化自信，其深层本质是对共产党执政规律、社会主义建设规律、人类社会发展规律的把握。

笔者以为，中国道路的提法或许比中国模式的提法更确切，更符合马克思主义哲学的本意。模式的提法难以表达出中国特色社会主义道路的本质。从语意来说，模式是成型的、静态的、稳定的。用在国家发展上，模式具有排斥性，把自己国家的发展视为不同于其他国家的唯一的最具优越性的发展方式，或者认为自己国家的发展模式具有普适性，可以为其他国家提供一个现成的发展范式，如同制作糕点的模型，全部糕点都是从一个模子里制作出来的。无论在何种意义上，模式论都不太适用于中国特色社会主义道路。

从历史唯物主义角度看，各国有不同的发展道路，没有放之四海而皆准的发展模式，更没有唯一的模式。西方的发展道路是由西方国家自己的历史和文化决定的，而不是为世界提供模式，也不可能提供模式。中国推行改革开放，表明中国共产党愿意学习世界各国尤其是西方发达资本主义国家的经验，但是中国不会照搬西方发展的模式。习近平总书记说过，"我们愿意借鉴人类一切文明成果，但不会照抄照搬任何国家的发展模式"，"不能企图用一种模式来改造整个世界"。

历史唯物主义是社会形态发展论，而不是社会发展模式论。中国特色社会主义道路，不是从天上掉下来的，而是中国人民在中国共产党领导下走出来的。从整个中国历史来说，中国特色社会主义是在对中华民族几千年文明和文化的传承中得出来的；从近代史说，它是从 1840 年以来中国人民为民族复兴而奋斗、而牺牲、而不断遭受挫折的苦难经验和教训中总结出来的。道路是纵向的，它与自己国家过去的历史特点和文化特点不可分割。没有中国历史的发展，没有中国文化的积累，就没有中国特有的发展道路。

道路的特点是实践，而不是仿效制作，照葫芦画瓢。中国道路就是中国人的实践，不实践就不是道路，也没有道路。当然，在中国特色社会主义建设中，我们可以有规划、有顶层设计、有"两个一百年"要达到的目标、有中华民族伟大复兴的目标，但目标不等于道路。目标只是道路的重要部分，是道路的指向和要达到的站点。至于如何到达这个站点，怎么走，就是道路问题。可以大胆地说，按照历史辩证法，我们不可能详细地绘制一个不需要修改、不需要完善、不需要调整的中国道路规划图，而是应该根据实际情况不断调整。这就是顶层设计与"摸着石头过河"两者的结合。因此，中国道路不是固定模式，它包括弯路、包括曲折，甚至会碰到岔路。中国特色社会主义道路不是定型的，而是未完成式，现在仍在继续走。一句话，中国道路是实践过程，它为人类对更好的社会制度的探索提供的是中国方案，而不是一个现成的模式。

改革开放几十年来，在中国道路上我们取得了伟大的成就，也遇到不少问题。其中有一些是有违改革初衷、未曾料到的新问题，正在采取措施逐步解决。社会主义建设是有规律可循的，我们会有盲区，会有没有掌握的新的规律。我们还要不断摸索、不断总结。改革初始，邓小平提出以经济建设为中心，重点是放在解放生产力、发展生产力上，为此提出发展是硬道理的著名论断。在改革实践过程中，中国共产党人继续推进发展是硬道理的原则，提出了科学发展观，再发展到现在的创新、协调、绿色、开放、共享的新发展理念；从开始的一部分人先富起来，发展到现在强调共同富裕，强调依法治国，强调公平、正义，这都是从 30 多年一步一步改革经验积累中走过来的。

30 多年来的经验证明，中国特色社会主义道路是在实践中不断完善的。这个过程并没有结束，中国道路有明确的方向图，通过深入探讨什么是社会主义，怎样建设社会主义；建设什么样的党，怎样建设党；实现什么样的发展，怎样发展这些有关道路的根本性理论问题，提高了我们的理论自觉性，为制定各项方针政策，推进各项工作提供了科学指导。

中国方案的提出，有重要理论和实践意义。中国方案，就存在于中国道路之中。没有中国道路就不会有中国方案。提不出中国方案，中国道路就会变成一句空话。或许有人说，只有中国模式才有世界意义，而中国道路没有世界意义。这不符合历史唯物主义观点。模式提供的是模具。我们反对西方推行的普世价值观，就是反对他们对自由、民主、人权的解释的话语霸权，反对它们把西方的资本主义民主制度模式化。其实，各个国家需要的是符合自己国情和文化特点的自由、民主和人权制度。当然，我们可以学习它们的优点，吸收西方的积极成果，但我们有自己的发展道路和方案，而不是成为从西方模具中复制出来的仿制品。

中国道路，既是具有中国特色的中国之路，又是具有世界意义的中国之路。讲它是中国特色之路，是因为它具有中国的历史特点、民族特点、文化特点；讲它又是具有世界意义的中国之路，是因为它向人类提供了不同于西方发展道路的中国方案。这个方案向世界表明，一个近百年来受列强压迫和侵略的民族，一个曾经落后于西方发达国家的民族，完全可以依靠自己的力量，建立与自己民族特点相符合的制度，走上民族伟大复兴之路。

资本主义社会并不是人间天堂，资本主义的经济和政治制度也不是人类社会发展唯一之路，资本主义的价值观念并非人人必须奉为圭臬的绝对价值。在当代，各国的发展，完全可以有不同的方案。这正是西方某些资本主义国家拼命遏制中国和平发展的原因。因为中国的崛起意味着中国方案的成功；而中国方案的成功，意味着在当代可以有另一条通向自己国家和民族的复兴之路，而不必接受西方兜售的资本主义制度优越论和永世论的"灵丹妙药"。中国方案是马克思主义和中国文化精华的结合，它的影响力和说服力，是中国对世界的贡献。正因如此，西方一些国家千方百计地对中国道路进行抹黑，并将之视为对"自由世界"道路的背离。

二、中国道路之争

方向决定道路，道路决定命运。在中国，不同道路之争，其深层体现为不同文化之争。中国应该走什么样的道路，其争论由来已久，并非现在才出现。早在 20 世纪二三十年代中国共产党成立以后就存在。这就是中国共产党主张的在中国进行革命的道路、文化保守主义主张的中国文化本位主义、一些人倡导的全盘西化的资本主义道路。1949 年中国革命的胜利，从实践上对这个问题做了总结，而毛泽东的《论人民民主专政》一文，对这个问题从理论上做了概括。本来，在中国革命胜利之后的前 30 年，这个争论已经沉寂。但随着改革开放后中国总结"文化大革命"经验教训，随着重新正确理解中国传统文化，随着经济全球化后西方新自由主义思潮的涌入，关于中国道路的争论再度兴起。但现在各自的立论与表现，与中国革命胜利之前的 20 世纪二三十年代的文化保守主义和全盘西化论相比，具有新的时代特点和理论支撑。这个理论支撑的文化特点可以概括为三个"化"，即：中国特色社会主义道路的核心是"马克思主义中国化"；回归传统，回归儒学，重塑中国社会主义和中国共产党的核心是"儒化"；回归人类，回归世界的核心是"西化"。如果不站在历史唯物主义高度把握这三个"化"的本质，就会在中国特色道路问题上缺乏文化自信。

有人提出要中国走世界人类文明发展的共同道路，走世界文明之路。在他们看来，以希伯来犹太教和古希腊哲学为源头的西方文化，是最优秀的文化；西方的道路是世界的普遍道路。中国特色社会主义道路是脱离世界文明，是沿袭自秦始皇以来中国封建社会的专制主义之路，是自外于世界潮流的道路。无论在国际国内，这种说法都时有所闻。这种说法完全暴露了西方普世价值论的政治底牌。资本主义道路怎么就是世界文明之路，就是人类世界共同道路呢？以历史唯物主义观点看，西方文化只是文化中的一种，资本主义道路只是人类社会发展过程的一个重要阶段。资本主义的确为人类作出了比以往任何时代都巨大的贡献，但又同时为自己挖掘了坟墓。资本主义社会是文明与野蛮、光明与黑暗并存的社会。马克思和恩格斯在《共产党宣言》中以热情洋溢的赞美笔调肯定了资本主义的成就，但同时又毫不留情地判处了它的死刑，敲响了资本主义的丧钟，指出资本主义社会的过渡性。资本主义社会的出现和发展包括在人类社会发展规律之中，但绝不代表人类的美好理想，并不是人类社会发展的普遍规律。

什么是人类的共同道路，什么是人类社会发展的普遍规律？从历史远景来说，不是少数人富裕的资本主义，而是公平、正义、共富、和谐的社会主义和共产主义。相对于人类存在数千年的阶级社会和剥削社会来说，消灭阶级、消灭剥削，建设一个公平、正义、共富、和谐的社会，才是人类的共同道路。用中国哲学的话说，叫天下为公、世界大同之路，用历史唯物主义关于社会形态发展理论来说，这是人类解放之路、是共产主义道路。世界通向这个共同道路的方式和方法可以各不相同，并且肯定会有先后、有迟早，但对人类社会而言，剥削制度不会是永恒的、亘古不变的。私有制度是在一定条件下产生的，也会在一定条件下终结，作为私有制的最高发展阶段的资本主义制度形式也是如此。消灭剥削、消灭两极分化、消灭私有制，走向公平共富的社会，这才是人类发展的普遍规律。《共产党宣言》的不朽价值，就是向全人类揭示了这个普遍规律，并号召全世界劳动者团结起来为此而奋斗。

我们反对西方包藏政治图谋的普世价值论，并不违背世界发展潮流，不是与世界发展相脱离，因为我们不是反对自由、民主、平等、人权、法治这些人类认可的共同价值，相反我们在努力建设社会主义的自由、民主和人权制度。我们反对的是西方某些国家或学者怀着文化自大狂的优越心态，把西方价值观念和制度模式化，视之为放之四海而皆准的普世模式。普世价值论的本质就是西方制度模式化，是以普世价值为软实力的西方资本主义制度的优越性和不可超越性的话语霸权。

国内外都有学者批评中国特色社会主义道路脱离世界发展道路、脱离人类发展道路，要中国回归人类发展道路，讲的就是回归普世价值的道路。他们说，这是中国从"专制""独裁"的社会主义，回归"自由""民主"的资本主义。实际上，就是要中国割断自己的历史传统，摒弃中国文化特点和社会主义道路，期待中国重蹈"红旗落地"的覆辙。

在道路问题上也还有另一种主张，这就是回归儒家、回归传统。最激烈的说法是儒化中国共产党、儒化社会主义。表面上，它与回归世界、回归人类的新自由主义道路是双峰对峙，其结果实际上是殊途同归。中国特色社会主义是我们生活其中的现实的社会，共产主义社会是我们的理想。人在站立的时候，总是双脚立地、背面对后、两眼朝前。社会发展也是一样。社会永远是立足现实、背靠传

50

统、关注未来。而不能是相反的，脱离现实、脸向过去、背对未来。社会发展是往前走的，人的追求不能与社会发展的方向相背而行，而只能相向而行。

在笔者看来，背靠传统，就是继承传统、弘扬传统、创新传统，而不是回归传统。正如儒学一样，需要继承、发扬而不是回归。历史是曾经的存在，现实是当代的存在。传统是历史与现实之间连续性的文化串线。历史对现实有深刻的影响，即它的文化基因具有某种遗传性。儒学传统要继承，但要与时俱进，而不是回归。习近平总书记明确指出，"历史总是要向前进的，历史从来不等待一切犹豫者、观望者、懈怠者、软弱者。只有与历史同步伐、与时代共命运的人，才能赢得光明的未来。"

"治世不一道，便国不法古。"社会主义有自己的发展规律。中国当代的现实，是社会主义社会的现实。社会主义有自己不同于封建社会的经济基础和上层建筑，有不同于以往任何社会制度的新的指导思想、新的政治制度。我们是生活在 21 世纪的当代人，是生活在建设中国特色社会主义的当代人。站在当代，我们应该重视中国传统文化，吸取中国传统文化的优秀思想，但不可能在社会制度的建设和思想指导观念上，回归传统、回归儒学。以儒化作为中国道路和方向的指导，只会断送中国的社会主义。

中国特色社会主义道路是一条光辉的道路，也是一条充满困难的道路。我们党清楚地知道，老百姓对现实问题有议论、有不满意。当代的问题是现实问题，而不是古代人的问题。现实问题，必须坚持以马克思主义为指导，以问题为导向，采取历史唯物主义方法进行分析，寻找它的现实原因，提供有效的解决方法。传统文化包括其中占主导地位的儒家学说，可以为我们解决问题提供思想资源、提供启发智慧，但传统文化不可能为它们从来不曾经历的两千年后的问题提供预案和答案。对中国道路上存在和出现的问题，儒化不是出路，西化更不是出路，出路在于继续深刻研究和把握社会主义发展规律和中国共产党的执政规律，坚持社会主义方向，坚持从严治党。社会主义的基本规律不可违背，执政党的规律不可违背。治党必须从严。如果管党不力、治党不严，人民群众反映强烈的党内突出问题得不到解决，那么我们迟早会失去执政资格，不可避免地被历史淘汰。不懂历史辩证法，不懂得失成败在一定条件下可以转化，是非常危险的。殷鉴不远，岂能忘之。《易经》中说，"君子终日乾乾，夕惕若，厉无咎"，应该成为我们的座右铭。我们一定要以不忘初心之志，以兢兢业业、如履薄冰之心，走符合社会主义规律的中国道路。

三、中国道路的文化自信

习近平总书记说："当代中国的伟大社会变革，不是简单延续我国历史文化的母版，不是简单套用马克思主义经典作家设想的模板，不是其他国家社会主义实践的再版，也不是国外现代化发展的翻版。"这是习近平总书记在新的历史条件下，对毛泽东《论人民民主专政》一文总结中国革命历史经验的进一步发展，说明了中国特色社会主义道路的创造性。

中国道路不是重复母版、模板、再版、翻版。这四个"不是"，就包括三个"化"字。不是简单套用马克思主义经典作家设想的模板，不是其他国家社会主义实践的再版，就是强调马克思主义中国化，要与中国实际和文化相结合；不是简单延续我国历史文化的母版，就是强调中国社会制度和道路不能儒化，以儒学为主导的传统文化要创造性转化和创新性发展；不是国外现代化发展的翻版，就是强调中国的现代化是社会主义现代化，而不是西化。

马克思主义中国化，这是最根本的"化"。没有这个"化"，一切都无从谈起。中国革命和社会主义建设，尤其是中国的改革开放，中国特色社会主义道路，不是简单套用马克思主义经典作家设想的模板，不是苏联社会主义实践的再版，因为我们是从中国实际出发，以马克思主义作为指导思想寻求适合中国发展的道路。中国民主革命走的是一条农村武装割据，由农村包围城市的道路，而不是马克思和恩格斯设想的巷战，也不是苏联走过的城市武装起义；社会主义革命和社会主义建设，我们也是从以俄为师到走自己的路。社会主义革命我们实行的是和平赎买，分清民族资产阶级和官僚买办资产阶级，而不是一锅煮；社会主义建设，我们是强调正确处理十大关系，强调正确处理两类不同性质的矛盾；改革开放，我们强调坚持社会主义方向，强调一个中心两个基本点，强调四项基本原则，等等。很显然，这些都不是简单套用马克思主义经典作家设想的模板，更不是苏联社会主义实践和改革的再版。不用多解释，中国革命、建设、改革，走的是马克思主义中国化的道路。如果没有从实际出发，没有坚持实事求是的马克思主义基本原则，中国革命、建设和改革不可能取得成功。当然，马克思主义中国化并没有结束，正如习近平总书记所说，"坚持不忘初心、继续前进，就要坚持马克思主义的指导地位，坚持把马克思主义基本原理同当代中国实际和时代特点紧密结合起来，推进理论创新、实践创新，不断把马克思主义中国化推向前进。"

不是简单延续我国历史文化的母版，就是中国传统文化的创造性转化和创新性发展问题。中国革命不可能延续我国历史文化的母版，因为中国历史上从来没有出现过社会主义革命，何来母版。中国共产党领导的革命是推翻旧的社会制度的革命，是社会形态的变化，不是中国历史上的王朝更替、改朝换代。正因为这样，中国共产党的成立才是中国开天辟地的大事变，中国革命和社会主义建设才是在中国历史上没有母版可遵循的伟大创造。无论是《礼记·礼运篇》中的"大道之行也，天下为公"的"大同"和"小康"理想，或是太平天国的《天朝田亩制度》的废除封建土地私有制、均贫富的思想，虽然包含丰富的思想资源，但都不可能成为中国革命和社会主义建设的母版。它们是原始的空想社会主义，或农业社会主义。我们坚持的是科学社会主义，中国特色社会主义本质上就是马克思主义的科学社会主义，而不是别的什么主义。

儒家学说，是封建社会王朝的母版，而且是王朝守成的母版，而不是开拓创新的母版。这是历代王朝倡导以儒治国的原因，怎么可能成为中国特色社会主义道路的母版呢！当然，不是母版，丝毫无损于中国传统文化的博大精深，不影响以儒学为主导的中国传统文化对我们的思维方法、道德修养、人文教化、治国理政的巨大思想价值。应该反对儒学政治化、儒学宗教化，在社会主义时代应该重视儒学的文化本质。但从道路和旗帜的角度说，从重建理想和信仰的角度说，我们绝不能走以儒化国、以儒化党的道路。我们要治理的是社会主义国家，我们要重建的理想、信仰、价值，是社会主义和共产主义的理想、信仰、价值。中国共产党之所以叫中国共产党，就是因为它从成立之日起我们党就把共产主义确立为远大理想。

任何一个关注现实的人都能看懂，中国共产党内的腐败分子、党内蛀虫，并不是因为失去对儒学的信仰，而是丧失对社会主义和共产主义信仰。我们社会出现的一些道德失范和价值观念混乱，也不是因为失去对儒家的信仰，而是伴随当代中国社会深刻变化而出现的副产品，或者说是社会代价。

我赞同我们应该学习中国传统文化的经典，包括文学如唐诗宋词，总之，中国传统文化中宝贵的东西我们都应该珍重。但我们也应该明白，社会矛盾永远是现实的，我们直面的问题永远是当前。现代人的信仰和价值永远应该是与时代相适应的。

任何国家在走出传统社会后都要实现现代化，中国也一样。但中国的现代化是社会主义现代化，而不是西方现代化的翻版。现代化，是使用最多的一个概念。可是何谓现代化，实现什么样的现代化，这取决于时代背景，取决于各国历史的、文化的特点，特别是取决于社会制度的本质。

中国从社会主义制度确立开始，就把逐步实现社会主义工业、农业、国防和科学技术现代化作为我们的奋斗目标。经过 60 多年的建设，我们在不断深化现代化的内涵，包括推进国家治理体系和治理能力的现代化，发展社会主义市场经济，发展社会主义协商民主制度，建设中国特色社会主义法治体系，等等。但无论中国现代化的内涵怎样深化，有一点是不会变的，我们搞的是社会主义现代化，而不是资本主义现代化。如果我们摒弃中国特色社会主义基本经济制度和政治制度，偏离中国道路，在现代化问题上不加分析地接受西方话语抽象鼓吹的国家现代化，改变中国所谓的"一党专政"，放弃中国共产党领导；鼓吹思想市场化，放弃马克思主义的指导地位，借助思想多元化来反对指导思想的一元化；鼓吹军队国家化，反对党对军队的领导，如此等等，这实际上是在现代化的名义下偷梁换柱，把社会主义现代化变成西化翻版。

毫无疑问，资本主义现代化是人类社会摆脱传统社会后的巨大历史进步，但西方现代化是通过向海外殖民实现的，是同侵略、掠夺、剥削、扩张密不可分的。日本也是脱亚入欧，通过实行现代化，走向军国主义，疯狂向外扩张和侵略的。我们只看到西方发达资本主义国家变得富强、文明，可忘记了资本主义现代化给世界、给大多数被殖民国家带来的巨大灾难。马克思曾经说过，"当我们把自己的目光从资产阶级文明的故乡转向殖民地的时候，资产阶级文明极端伪善和它的野蛮本性就赤裸裸地呈现在我们面前，它在故乡还装出一副体面的样子，而在殖民地就丝毫不加掩饰了"。

资本主义现代化的本质是资本本性的扩张。海外殖民就是资本扩张，但它号称"输出文明"。实际上像马克思当年说的，被殖民的国家"失掉了他们的旧世界而没有获得一个新世界，这就使他们所遭受的灾难具有一种特殊的悲惨色彩"。如果说，当年西方资本主义在"输出文明"

的口号下，给世界带来的是灾难；当代在强行输出普世价值的口号下，带来的同样是灾难。只要看看中东，看看非洲某些被"民主化"的国家，看看他们战火纷飞、家园破碎、难民如潮的处境，自然就能明白。

社会主义现代化与西方资本主义现代化会有某些共同点，西方资本主义现代化有可借鉴的东西，但社会主义现代化绝不是西方现代化的翻版。时代不同、社会制度不同、文化底蕴和传统不同，现代化的道路也不同。中国的文化是和平的文化，而不是扩张的文化。中国是在取得民族独立建立社会主义制度之后，逐步推进现代化的。我们是在被资本主义世界封锁的情况下，完全依靠独立自主、自力更生，依靠党的领导和人民的力量实行现代化的。在经济全球化的背景下，我们是通过深化改革开放，在世界交往中继续推进社会主义现代化的。我们的现代化，没有殖民、没有掠夺，而是互利共赢；没有血与火，没有战争，而是构建人类命运共同体。中国实现社会主义现代化，是增强世界和平、防止战争的力量，是促进世界和平发展的力量。这是与西方现代化进程伴随殖民、战争和掠夺迥然不同的两种类型的现代化。中国实现现代化，是对世界、对人类和平的重大贡献。

　　社会主义现代化不是西方现代化的翻版，但我们重视对西方现代化的研究。它的成绩、现代化中存在的问题，都能为我们提供经验和教训。我们是后发国家，我们有条件也应该避免西方在现代化中出现的种种问题。我们也不会忘记它们对中国现代化的影响和某种推动。但笔者不赞同中国现代化的动力是外生的，与中国历史自身发展的内在要求无关。外因是条件，内因才是根本。中国是一个有几千年文化传统的民族，是一个蕴藏并积蓄了几千年文明内在力量的民族，是一个在近代饱受侵略和掠夺，积蓄着追求民族复兴、追求民富国强强大力量的民族。现代化是中国革命题中应有之义。把中国现代化，视为简单的外力—反应模式，而不是中国内在力量的要求，是一种错误的历史观。这种历史观导致的结论，就是中国现代化应该拜西方侵略之赐，像有些人无耻宣称的，如果中国能被西方殖民三百年，就可以从洋人手里接受一个现成的现代化中国。这种观点何等荒谬！

　　中国特色社会主义道路是实现现代化的必经之路，是创造人民美好生活的必由之路。我们对道路的自信，源自对文化的自信。中国不仅有五千多年文明发展孕育的中华优秀传统文化，还有中国共产党和中国人民在伟大斗争中孕育的革命文化和社会主义先进文化。文化不仅是知识、智慧的积累，更是一个民族最深层的精神追求。中国近百年历经劫难而九死无悔，"拼将十万头颅血，须把乾坤力挽回"，其中闪烁的就是"我以我血荐轩辕"的中华民族文化精神。

四、坚持走中国特色社会主义道路

中国特色社会主义理论体系能否真正成为我们的纲领、旗帜，最终要落实在中国特色社会主义道路上。"道路"，是处在实践中的特色理论和纲领。离开了"道路"，一切都会流于空谈。对于我们社会的性质，是社会主义，走中国特色社会主义，还是中国特色资本主义？还有很多争论。社会主义和中国特色社会主义有没有社会性质的区分？我的回答是：中国特色社会主义社会就是社会主义社会，是具有中国特色的社会主义。现实生活中，说中国特色社会主义社会是社会主义的、是资本主义的，都大有人在。说是社会主义社会的理由是，我们社会是中国共产党领导的、以公有制经济为基础的社会。说是资本主义社会的理由是，我们是存在私有制，存在雇佣劳动，存在富人和穷人、存在两极分化的社会。至于从社会现象和道德层面来说，凡是西方社会存在的现象，从吸毒到妓女，从贪污到抢劫杀人，我们当代社会不次于西方社会，何以证明我们的社会是社会主义？

如何从历史唯物主义角度分析我们的社会性质呢？谁也无法否认从经济基础到上层建筑、从文化到思想，我们社会中的确存在各种各样的资本主义因素。问题是能否得出结论，中国社会是资本主义社会？我以为不能。要正确认识这个问题，既要辩证地考察资本主义社会和社会主义社会两种不同社会形态之间的关系，又要动态地考察我们社会的状况和发展方向。

从社会形态发展角度说，马克思在《资本论》之"第一版序言"中说得很清楚，一个社会就算已经发现它的运动规律，它也还是不能跳过或以法令的方式废止自然的发展阶段。但它能够把生育时的痛苦缩短并且缓和。中国有可能不必重复西方的发展道路，有可能不必等待资本主义高度发展并确立资本主义社会后才开始无产阶级革命。由于中国面对的特殊的国内和国际环境，中国有可能分两步走，在民族民主革命胜利的基础上继续进行社会主义革命。中国可以超越资本主义社会阶段，但不可能进行没有资本主义发展的社会主义革命。在半封建半殖民地基础上建设社会主义是不可想象的。

新中国前 30 年社会主义革命取得了重大成果，建立了社会主义基本经济制度和政治制度，但资本主义经济没有得到有效的比较充分的发展，因而经历了一个时期快速发展以后，陷入了缺少投资、市场狭小、缺少多种经济成分相互推动的困境。事实证明，资本主义社会阶段可以超越，但资本主义因素不可超越，在当代中国，私有经济以民营经济的方式存在，它的存在和发展对中国社会主义建设是极其必要的。资本主义不等于祸害，而缺少资本主义经济因素的纯而又纯的社会主义，往往容易陷于发展的困顿。

40 年的改革开放成就证明，我们可以越过完整的资本主义社会阶段，但不能排除资本主义因素，更不可能把它当作田间的杂草和稗子清理得干干净净。历史证明，这样做是有害的。社会形态的更替不可能是简单地前后相继，往往有各种因素交叉的阶段，这叫社会形态的更替，这个过程可能很长。代替资本主义社会的是社会主义社会，但不是也不可能是纯而又纯的社会主义，这是规律。因此，主动通过充分吸收外资、发展国内的民营经济来推动中国经济的发展，是一条正确的道路。这可以加速中国特色社会主义社会的进程，弥补超越资本主义发展阶段带来的不足。

中国进入社会主义与当年俄国十月革命后进入社会主义有相似的地方，就是社会落后、生产力落后，没有经历过资本主义社会高度发展的阶段。这个不足不是不准革命的理由，但它是无产阶级取得政权后，在何种程度上发展资本主义，弥补本国资本主义先天发展不足的理由。十月革命胜利后，列宁曾在《在全俄工会中央理事会共产党党团会议上关于租让问题的报告》中说过，"社会主义共和国不同世界发生联系是不能生存下去的，在目前情况下应当把自己的生存同资本主义的关系联系起来"。他还在《苏维埃政权的当前任务》中说过，"社会主义能否实现，就取决于我们把苏维埃政权和苏维埃管理组织同资本主义最新的进步的东西结合得好坏"。

资本主义因素并不可怕，可怕的是资本主义因素无节制地泛滥，压倒社会主义。当代中国社会中存在的资本主义经济是可控的、可调节的经济。中国特色社会主义本质上是社会主义社会，因为我们国家是共产党领导的，以公有制经济为主体，以马克思列宁主义、毛泽东思想和中国特色社会主义理论体系为指导的社会。我们的社会发展方向明确，我们要经过中国特色社会主义道路通向未来的共产主义社会。共产主义始终是中国共产党人的目标和最终指向。我们可以利用资本主义因素来建设社会主义，但决不走资本主义道路。

我们并不否认，我们社会存在不少与社会主义本质不相容的、老百姓深恶痛绝的现象。它是否影响我们对社会性质的判断，主要看中国共产党对它采取何种态度和措施，是助长它，还是通过健全法制、强化教育逐步减少它。罗马不可能一天建成。社会主义是美好社会，但不是在梦中绘就的乌托邦，它是由现实的人建设的现实的社会。在建设过程中，由于经济环境的改变，由于人的素质以及各种各样的外部和内部的因素，不仅会沉渣泛起而且有可能变本加厉。这就要求综合治理。中国共产党和政府采取的坚决打击和整治措施，表明我们是坚持社会主义方向的。中国特色社会是正在建设的社会主义，但并不是高度发达完善的社会主义。正因为这样，一些肮脏的东西、一些令人深恶痛绝现象的出现是必然的。越是如此，越发显示出坚持中国特色社会主义理论、道路、制度、文化的重要性。

　　我们在用唯物主义考察我们社会性质时，不能简单地把社会主义和资本主义视为水火，视为两极对立，不能把社会主义社会中的资本主义因素，视为决定中国社会性质的决定因素。我们既要牢牢把握它们之间的联系和界限，又要切实考察我们社会的性质、发展方向和前途。这样才能既不会僵化保守，又不会改旗易帜，而是坚定地沿着中国特色社会主义道路前进。我们应该通过对我国社会主义性质问题的思考，更加坚定社会主义理想和信念。

　　当然，我们也清醒地看到，坚持中国共产党的领导、坚持马克思主义的指导地位、坚持社会主义方向，仍然是我们在意识形态领域中应该时刻关注的重大问题。企图改变中国特色社会主义道路的外在和内在因素仍然存在，而且会随着国内外形势的变化而呈现出某种波浪形态。没有忧患意识，没有居安思危的思想，不是马克思主义者。

第三章

坚持马克思主义指导地位

在社会生活中，意识形态具有最广泛的影响力和行动支配力。坚持马克思主义在意识形态中的指导地位，并不限于纯意识形态领域，而是包括经济、政治、文化诸多方面的指导作用。之所以强调马克思主义意识形态的指导作用，因为只有坚持马克思主义在意识形态领域中的指导地位，才有可能通过意识形态辐射到其他领域，真正确立其在社会主义社会的指导地位。马克思主义在意识形态领域的边缘化和失语，往往是政治领域、文化领域和经济领域危机的先兆。

一、为什么要坚持马克思主义指导地位

从政治上说，坚持马克思主义指导地位，是关系到坚持中国共产党的先进性，从而也是关系社会主义前途和命运的问题。毛泽东说："领导我们事业的核心力量是中国共产党，指导我们思想的理论基础是马克思列宁主义。"

毛泽东是把党与党的指导思想紧密结合在一起的。可以说是"一荣俱荣、一损俱损"。任何政党从本质上说都有两个基础：一是阶级基础，即它代表哪个阶级或集团的利益；另一个是指导思想，即贯穿它全部政治活动的宗旨、目标一以贯之的理论指导原则。西方资产阶级政党都掩盖它的阶级性，自称代表全体社会成员的利益、全民利益；它们也否认有任何指导思想，只有具体的政治主张和政治诉求。其实，任何资产阶级性质的政党，无论是两党制还是多党制，它们的指导思想都是以各种最有效的方式维护资本主义制度，坚持资本主义核心价值观念。

它们的这一指导思想以各种方式贯彻在轮流上台执政的具体的方针政策中，往往是隐性的。政党可以轮替，但坚决维护资本主义制度的思想原则不会轮替。

对中国共产党来说，情况完全不同。指导思想问题是关系党的性质的根本问题，是旗帜问题，是道路问题，必须毫不隐晦。《共产党宣言》开宗明义就宣布这一点。列宁当年在《我们的纲领》这篇为创立俄国共产党进行思想理论准备的文章中就明确宣称："我们完全以马克思的理论为依据，因为它第一次把社会主义从空想变为科学，给这个科学奠定了巩固的基础，指出了继续发展和详细研究这个科学所应遵循的道路。"

　　列宁缔造的伟大的苏联共产党后来蜕变，自我宣布解散，丧失政权，社会主义陷于失败，原因虽然很多，但其中一个具有决定作用的因素就是放弃了马克思主义指导地位，由抽象人道主义泛滥发展到公开打出所谓民主的人道的社会主义的旗帜，然后公开宣布以新自由主义为指导进行所谓"改革"。对于共产党来说，放弃马克思主义指导必然改变党的性质；对于处于执政地位的共产党来说，放弃马克思主义指导，必然会在失去理论领导权的同时，丧失政权。这是社会主义运动的一个沉痛教训。中国共产党公开宣布自己的阶级基础是代表工人阶级和全体中国人民的利益，而且明确宣布坚持马克思主义的指导地位。这是中国共产党的先进性、劳动人民当家作主的地位永不丧失的保证，也是社会主义制度在中国得到巩固、发展和不断自我完善的根本保证。马克思主义不仅必须处于指导地位，而且能够处于指导地位。马克思主义之所以必须处于指导地位，并不仅仅因为中国共产党是执政党，因而它的思想理论"必须"处于指导地位。不单是"必须"，而且是"能够"，因为马克思主义是科学的世界观和方法论。它自身的科学性和实践性决定它"能够"处于指导地位，

"能够"指导实现中国共产党人承担的实现中华民族伟大复兴的历史使命，并逐步实现人的全面发展和人类解放的伟大社会理想。历史和现实证明，在当今世界就其科学性和实践性而言，没有任何思想理论能与马克思主义处于同一高度。这是近百年来中国历史证明了的真理，也是从当代世界各种理论学说发展状况中得出的结论。马克思主义是一个完备严整的科学体系。它的哲学世界观为我们科学地理解世界的客观本性，理解人与世界的关系，理解自在自然与人化自然的辩证关系，提供具有普遍规律性的论断。特别是辩证唯物主义的历史观，通过对人类历史发展规律和人在历史发展中的地位和作用的揭示，使我们能从理论和实践相结合上深刻理解和把握人类社会发展规律、社会主义发展规律和共产党执政规律。对这三大规律的认识和运用，为中国共产党不致重蹈苏联的覆辙，跳出"历史周期率"提供理论保证。马克思主义的经济学说不仅为我们观察当代世界资本主义经济发展，包括金融危机和资本主义社会的基本矛盾，而且为中国特色社会主义经济建设，包括正确处理生产、分配、交换、消费各个环节的关系，处理市场与计划的关系以及关于如何保持经济平衡、协调可持续的关系，提供了科学的经济理论。马克思主义的社会主义学说，对我们坚定建设中国特色社会主义的理想和信念，以及对当代世界发展趋势的观察，具有指导意义。

马克思主义是一个整体，马克思主义以其整体性和科学性，在人类实践和现实生活中以各种方式发挥作用。从意识形态来说，无论是坚持社会主义先进文化还是坚持社会主义核心价值观念，都必须坚持马克思主义指导。

在当今世界，无论是对一个国家社会自身的发展还是国际交往，文化都越来越显示出重要作用。可是，文化作为一种软实力，究竟是起着推动社会进步和促进国际间正常文化交流和友好往来的软实力，还是单纯起着维护统治者的利益和国际霸权的软实力，这是大相径庭的。在这种区别中起着关键作用的是贯穿其中的指导思想。文化软实力作为综合国力的组成部分，它的性质和作用取决于文化的根本属性和内涵。软实力只能说明文化的作用，而文化的社会属性和内涵才能说明这种软实力的先进性。我们重视社会主义文化，正因为它是一种体现社会主义制度本质和以马克思主义为指导的先进文化。改革开放以来，党中央一直关注社会主义先进文化建设问题，有过多次决议并采取加强社会主义先进文化建设的实际措施。

从世界范围看，文化是多元的；从国内来看，文化有多样性。既然社会主义文化是先进文化，就有一个重大理论问题，即文化的先进性是否存在判断标准？我们认为有。文化问题上相对主义和绝对主义都是片面的。我们说中国特色社会主义文化是先进文化，它不仅体现社会主义制度的先进本质，而且表现为它是以马克思主义科学世界观为指导的文化。在当代中国，坚持先进文化，发展有中国特色的社会主义文化，加强社会主义精神文明建设，必须以马克思主义为指导。只有坚持马克思主义在文化建设中的指导地位，才能真正以科学的态度继承中国文化的优秀传统和吸收外国文化的积极成果，才能引领国内多姿多态多样的文化思潮，使其有利于社会主义主流文化的发展。尤其是我们正处在社会转型期，由于国际国内大环境和小环境的变化，各种思潮极其活跃。

如果不坚持以马克思主义指导文化建设，就不可能真正有效地建设社会主义先进文化。在社会主义先进文化建设中，既要发展文化产业也要发展文化事业。这两种文化实体有区别但也有共同性。文化产业的经济效益，往往要依赖先进的科学技术的承载。西方发达国家之所以能在世界上宣传它们的价值观念，在很大程度上是借助它们的先进科学技术。这样，它们在取得最大经济效益的同时，又在意识形态领域占有某种强势地位。西方文化产业，不单纯是牟利的文化企业，同时又是意识形态的阵地。对我们来说，无论是文化产业还是文化事业，虽然它们在产权和管理方面存在区别，但它们都是社会主义制度下的两种文化单位，因此文化企业的经营者和文化事业的领导者，都应该以不同方式树立以马克思主义为指导的思想观念。在文化产业中，我们在谋求经济效益的同时，必须充分意识到文化产品的价值内容。即使在国际上，我们同样应该使我们的文化产品承载中国文化的特有价值观念。不能像西方政治家嘲讽的那样，中国只能出口电视机而不能出口电视剧。如果社会主义的文化产业不管社会效益，只管经济效益，以经营媚俗、低俗产品而成为资本主义价值观念的"宣传员"，甚至伤害国格人格以卖丑为看点迎合西方的需要，这肯定背离了以马克思主义为指导的文化建设方针。这种文化产业不能称为文化产业，更不能称为社会主义文化产业。当然，我们强调文化产业以马克思主义为指导，指的是指导经营方针和经营者的价值理念，而不是说文化产品都是硬邦邦的马克思主义意识形态的话语。如何使文化产品喜闻乐见和具有吸引力，同时又坚持我们自己的价值观念，传播社会主义先进文化理念，这是衡量文化产业经营者的马克思主义理论水平的尺度。因为只有坚持马克思主义在社会主义核心价值中的指导地位，才能体现这种价值观念的社会主义本质，充分发挥社会主义核心价值引领社会思潮的导向作用。社会主义核心价值观念吸取了中国传统文化的优秀成果，吸取了世界文明的积极成果。但如果离开了马克思主义指导，就无法区分社会主义核心规范与非社会主义价值规范的差异性，而只看到同一性。例如，爱国不仅中国有，外国也有；不仅古代有，近代也有。但爱国之所以属于社会主义核心价值观，就是因为它以马克思主义为指导，这种爱国不是狭隘民族主义也不是民粹主义，而是与热爱社会主义不可分的。再如，自由、民主、平等、和谐等等，作为社会主义核心价值观，肯定具有社会主义性质。尽管自由、平等是普遍使用的概念，但社会主义自由观显然不同于资本主义自由观，社会主义平等观不同于资本主义的平等观。

如果社会主义核心价值观念体系中除掉马克思主义指导而只保留一些抽象规范，社会主义核心价值就失去它的质的规定性和导向性。有些人之所以把资本主义核心价值作为普世价值，就是因为脱离了这种价值观念体系的指导思想和实在内涵，把它变为没有具体内容的抽象规范。的确，在社会主义核心价值体系中，我们会发现一些人类共用的概念，但并不因此改变它的社会主义核心价值的本质。其实，富强、民主、文明、和谐、自由、平等、公正法治、爱国、敬业、诚信、友善，都不是超越时代和社会制度的共有的抽象概念，而是具体概念。在社会主义核心价值观中，每个概念都包含着以马克思主义为指导，以社会主义制度为实质和内容的尚未展开的判断。它的社会主义内容正凝结在每个概念尚未展现的特有的判断之中。因此，我们只有坚持马克思主义在社会主义核心价值中的指导地位，才不会落入西方普世价值的理论圈套。

二、坚持创造性的马克思主义指导作用

马克思主义自产生之后，一直是争论不休、最受攻击的学说。受到各种政治倾向、各种学派拥抱的最公正最无意识形态性的所谓"马克思主义"，肯定是机会主义或修正主义的别名。坚持马克思主义指导地位，一定要区分"龙种"与"跳蚤"，一定要反对那种宣称马克思以后的马克思主义实际上却与马克思思想对立的理论。

恩格斯在 1890 年 8 月 27 日致保·拉法格的信中说，马克思不承认自己是"马克思主义者"。还说马克思引用海涅的话，说自己播下的是龙种，而收获的却是跳蚤。这显然是马克思对 19 世纪 70 年代法国一些自称为马克思主义者的人的不满，也是恩格斯对当时德国一些党内自命为马克思主义者的大学生的不满。马克思不承认自己是马克思主义者，这是对跳蚤们不满，羞于与之为伍。可见，在马克思和恩格斯的时代，所谓"马克思主义者"就有龙种与跳蚤之分，并非始于当今。按照恩格斯的说法，所谓"跳蚤"，就是被歪曲得面目全非的马克思主义。

当代西方有些学者把马克思主义与马克思（当然也包括恩格斯）对立分割开来，鼓吹马克思以后的马克思主义是与马克思对立的另一种学说，他们不区分龙种与跳蚤，根本不承认马克思之后存在一个以马克思思想为依据的马克思主义学派。当代中国马克思主义也被归为"打左灯、朝右走"的所谓马克思主义。这种说法，如果不是理论的无知，就是别有用心。要是这个论断能成立，那马克思以后就没有马克思主义。这种说法表面是推崇马克思，实际上是使马克思后继无人，使马克思主义根本不成其为当今世界最具影响力的思潮和学派，是否定马克思思想的当代价值。

　　不错，在当代几乎所有标榜自己钻研马克思主义的学者都自称为马克思主义者。但是他们的观点可以不同，甚至相互对立。有的学者根本不承认马克思主义，认为究竟什么是马克思主义，取决于人们对马克思不同发展阶段写出的书籍、小册子、论文和书信做出的解读。按照这种说法，根本不存在马克思主义，只存在对马克思的不同解读。我们承认，当代存在对什么是马克思主义的不同理解，但这不能成为否定存在真正马克思主义的理论根据。

　　马克思主义作为一种科学体系，它的内容并不取决于人们的主观解释，而是取决于它的客观内容和科学本性。弄清什么是马克思主义，对于正确理解和完整掌握马克思主义基本观点而言是至关重要的。毫无疑问，马克思的著作和文章是在不同时期写作的，它们会显出马克思主义理论发展过程的差异性。因此，衡量是否是马克思主义的方法论原则，不是对某个文本或文本的某句话的不同解读，而是对贯穿全部马克思著作（当然包括恩格斯的著作）的那些反复论述不断出现的具有规律性的论断的解读，而且在他们对历史和现实问题的实际运用中得到证明。这是马恩著作中稳定的一贯的成熟的思想，它们构成马克思主义科学体系的硬核。例如辩证唯物主义和历史唯物主义的世界观、对资本主义社会形态和基本矛盾的经济学分析、追求无产阶级和人类解放的社会主义和共产主义理想。如果一个学者或学派自称为马克思主义，又反对辩证唯物主义和历史唯物主义世界观，为资本主义制度的永恒性辩护，否定社会主义可以不同方式取代资本主义的必然性和必要性，那就不可能是马克思主义。它可以称为任何主义，就是不能称为马克思主义，因为马克思主义从根本上说是一种解决资本主义社会的基本矛盾、为无产阶级和人类寻求解放的学说。

马克思主义是与时俱进的学说，马克思和恩格斯的后继者，在实践中肯定要创造性地发展马克思和恩格斯的思想，因此，不同国家、不同地区、不同时间活动的马克思主义者会显现出各自的特色。马克思主义在各国的实践没有唯一的模式，更没有一个标准的模式。但不能由此得出结论，当代马克思主义理论与马克思基本原理可以截然不同，是两种完全不同的体系。马克思主义理论是普遍的，而实践则是具体的，特殊的。当具有普遍性的理论与实践相结合时，肯定会有特点和新的创造与结论。因此，马克思以后的马克思主义，肯定会与马克思本人思想存在由于时代而产生的差异性。

但是发展了的马克思主义仍然是马克思主义。马克思主义与马克思的思想既一脉相承又与时俱进。一脉相承是"同"，必须坚持马克思主义基本原理，而不是文献中的个别论断，否则它就不能称为马克思主义。但它必须与时俱进，因而具有时代特点、地区特点、民族特点。异中有同，就是只要自称为马克思主义，就必须具有马克思思想的基本特征，遵循马克思创立的基本原理和为无产阶级和人类寻求解放的主题。但同中有异，异是时代特征和民族特征的理论凝结。抽象地说马克思主义与马克思的思想不同，难以判定其正确与否，而一定要弄清它们所谓同异之处何在。

在当代中国，坚持马克思主义就要坚持当代中国马克思主义；坚持当代中国马克思主义，也就是坚持马克思主义。当代中国马克思主义始终包括作为马克思主义缔造者的马克思和恩格斯对马克思主义基本原理的贡献。任何马克思主义理论工作者都能从邓小平理论、"三个代表"重要思想、科学发展观、习近平新时代中国特色社会主义思想中读到被创造性地运用于中国当代实际的辩证唯物主义和历史唯物主义基本原理，读到被娴熟运用于中国实际的马克思主义经济学说和社会主义学说。如果从当代中国马克思主义中剔除马克思和恩格斯创造的马克思主义基本原理，当代中国马克思主义就不成其为马克思主义。

反之，在当代中国，如果马克思主义不与中国实际相结合，不发展为当代中国马克思主义，这种所谓马克思主义就是教条主义，而教条主义会断送中国革命，断送中国社会主义。我们应该正确理解，在当代中国，只有中国马克思主义而不是别的什么主义能作为继续推进改革开放的指导思想。这里所谓别的"什么主义"指的是反马克思主义或非马克思主义的思想（如西方民主社会主义、新自由主义或者新儒学之类）而不是指马克思列宁主义。对中国共产党人来说，马克思列宁主义、毛泽东思想是属于必须坚持的同一个马克思主义体系之内的理论，而不是别的

"什么主义"，它就是当代中国马克思主义思想理论的源头。中国共产党之所以再三强调中国特色社会主义理论体系与马克思列宁主义、毛泽东思想既一脉相承又与时俱进，正在于既强调马克思主义与时俱进的本质，又强调中国特色社会主义理论的马克思主义本质。没有两种马克思主义，只有一种马克思主义。这就是由马克思和恩格斯

创立并由后者创造性发展的马克思主义。把坚持马克思主义与坚持当代中国马克思主义割裂开来是极其有害的。

马克思并没有结束真理，而是为真理开辟了道路。沿着马克思的道路前进，我们会接近真理；如果背离马克思，只能走向泥坑。所谓背离马克思当然是指根本观点，而不是个别结论。列宁在批判波格丹诺夫时说过，如果在哲学上同马克思主义基础已经彻底决裂的人，后来又支吾不清，颠倒是非，闪烁其词，硬说他们在哲学上也是马克思主义者，硬说他们和马克思差不多是一致的，只是对马克思学说稍稍作了点补充，那么，这实在令人十分讨厌。

龙种与跳蚤的区分并非搞关门主义。在当代以马克思主义为研究对象的学者并不少见。任何以严肃科学态度对待马克思和马克思主义的学者都应该欢迎，即使有不同意见也应该重视。例如特里·伊格尔顿在《马克思为什么是对的》一书中坦言："我对马克思的一些观点是持保留意见的。但是，马克思对他所生活的那个时代中一些重要问题的真知灼见足以使'马克思主义者'成为一个令无数人心向往之的标签。弗洛伊德学说的真正支持者不会迷信弗洛伊德的全部观点，也没有一个阿弗雷德·希区柯克的影迷会认为这个大师的每一个镜头和每句台词都完美无缺。马克思也并非无懈可击，而我只想展示马克思的合理之处。"作者对西方典型的否定马克思主义的观点进行了反驳。即使伊格尔顿对马克思的某些思想有不同意见，但这种以创造性态度对待马克思主义的学风还是值得赞赏的。

如果根本否定马克思基本原理而又自称为马克思主义者应该归为跳蚤之列，那么，在马克思仍然是公认的世界伟大思想家的当今时代，跳蚤的出现是不可避免的。弗兰索瓦·佩鲁也说过："毫无疑问，马克思激起了人数众多的诠释者的灵感，他们中有一小部分人亲自研究了马克思本人的出版物，但绝大多数是依据种种解释、复述和使之通俗化的评论进行诠释工作的。因此在某种程度上出现了马克思思想的退化现象，这种退化同马克思原来的见解相比，毫无精确性可言———这是具有丰富创造力的学说都无可奈何，必须忍受的一种命运。"不能阻止马克思主义中有跳蚤出现，也不能因为有跳蚤就断言马克思之后的马克思主义与马克思本人的思想存在断裂。如果坚持马克思之后的马克思主义根本不同于马克思，以跳蚤混同龙种而反对马克思主义，这应该视为当代反对马克思主义的诡辩

"策略"。

三、坚持马克思主义意识形态的重要意义

从当代意识形态领域的理论斗争来看，在马克思主义中最受攻击的是历史唯物主义，可以说它是受攻击的重中之重。被诬为经济决定论、宿命论或机械决定论之类，罪名不可胜数。各种批评声都力图推翻历史唯物主义关于历史规律性的观点。历史唯物主义被推翻了，马克思关于资本主义经济分析也宣告被推翻，随之而倒的就是社会主义学说。马克思主义中最受有产者痛恨的是社会主义学说，可要驳倒社会主义，就必须推翻马克思对资本主义的经济分析，而推翻马克思的《资本论》，就必须首先驳倒历史唯物主义。因此历史唯物主义从一开始就成为斗争的焦点。这一点，连伯恩施坦都承认。他说过："没有任何人会不同意，马克思主义的基础中的最重要环节，也可以说是贯串整个体系的基本规律，是它的特殊的历史理论，这一理论被命名为唯物主义历史观。整个体系在原则上是同它共存亡的。在这一理论受到限制时，其余的环节彼此相对的地位也相应地要随之受到影响。因此对马克思主义正

确性的任何探讨，都必须以这一理论是否有效这一问题为出发点。"不管对伯恩施坦如何评价，他对历史唯物主义在整个马克思主义中的地位的论述还是很有见地的。

在马克思关于历史唯物主义的论述中，最受质疑的是他1859年的《〈政治经济学批判〉序言》。在全部马克思和恩格斯的著作中，它是唯一一处以类似公理的形式相对集中论述了历史唯物主义基本原理的作品。它简短、凝练，都是论断式而非论证式，没有展开，没有实例。正因为这样，它不可避免地有局限。它的全部论断的着力点都是从历史唯物主义角度环环相扣，从生产力最终作用观点出发，论述人类社会发展的动力和社会形态更替的连续性、阶段性。至于生产关系对生产力、上层建筑对经济基础反方向的作用、社会形态发展可能的多样性，则没有涉及，因而经常遭受诟病和质疑。确实，马克思这篇序言并不是对历史唯物主义的全面论述，它是从经济学研究中对长期处于统治地位的历史唯心主义的宣判和决裂，它的确存在恩格斯晚年总结的过于着重经济基础决定作用而对上层建筑的作用存而不论的缺点。但不可否认的是，《序言》的确是对历史唯物主义理论核心观点的总结。没有《序言》提纲挈领式的论述，我们很难把握历史唯物主义的核心观点。

毫无疑问,全部马克思主义包括历史唯物主义都应该是创造性的理论,都应该根据时代和实践经验不断丰富和发展。但发展是一回事儿,篡改、歪曲、修正则是另一回事儿。我们要反对形形色色的马克思主义的跳蚤们。我们应该看到,随着改革的深入,意识形态领域的斗争显得更为激烈。在理论领域,我国的确存在少数人反对毛泽东和毛泽东思想的非毛化思潮,反对和攻击社会主义的反社会主义思潮。少数人在重新评价毛泽东,不断揭露改革前社会主义的所谓专制和黑暗面,公开宣称只有民主社会主义才能救中国,宣称中国改革开放以来的成就来自资本主义的发展,而不是来自社会主义制度的优越性。这种种混淆是非的说法很容易迷惑没有理论修养的人。放弃单一的公有制而促进多种经济成分同时发展,能等同于放弃公有制主体地位吗?在共产党领导下的有目的有计划地利用资本主义经济,应该归功于中国共产党的领导和社会主义制度的包容性,还是应该归功于资本主义制度?是体现社会主义制度的优越性,还是体现资本主义制度的优越性?其实,对于一个稍具马克思主义基本常识的人,这种区别就很容易分辨。

毋庸讳言，我们意识形态领域面临的形势仍然是严峻的。从国际上说，西方自由主义思潮，尤其是以个人主义为核心，以维护资本主义私有制为最终目的的所谓自由、民主和人权思潮，在全球化背景下，随着各个领域中交往频繁而具备多种渠道的传入方式。所谓人权外交、价值观外交，就是西方国家利用其强大军事和经济力量为后援的思想渗透和政治压力。从国内来说，由于经济成分的多样化和利益多元化而必然产生思想的多样化、多种利益诉求甚至不同的政治诉求。如果不加引导，就可能发展为对主流意识形态的冲击。尤其是市场经济诱发的拜金主义和极端利己主义思潮，极其有利于西方自由主义思潮的传播和渗透。还要注意，由于社会分配不公、贫富两极分化、官员腐败以及食品安全和道德滑坡引发的群众不满情绪，会从另一个方面引起思想混乱，不利于年轻人树立关于改革开放的正确认识，不利于当代中国马克思主义指导地位的树立和巩固。

近年来，党中央开展马克思主义理论建设工程，大力提倡和宣传社会主义核心价值观念，重视当代中国马克思主义理论研究，都是为了树立马克思主义在意识形态中的指导地位，防止重蹈苏联的覆辙。苏共执政 70 年，亡党

失政；中国共产党建党 90 多年，执政近 70 年，依然朝气
蓬勃，在中国特色社会主义道路上奋勇前进。我们有自己
的经验，有苏共的教训。中国共产党和中国人民一定能对
人类、对世界社会主义运动做出自己应有的贡献。

坚持马克思主义指导地位不会导致学术贫困化、理论
一律化。把坚持马克思主义指导地位，说成是"罢黜百
家，独尊马术"是完全错误的。马克思主义是开放的思想
体系，马克思自己就主张学术自由，主张学术争鸣。他说
过，我们既然不能要求玫瑰花与紫罗兰散发出同样的芳
香，怎么能要求最丰富的精神世界只能有一种存在形式
呢？他还说过，真理像燧石，只有敲打才能发出火花。

中国共产党提倡坚持马克思主义指导地位，但同时强
调要在学术领域贯彻"双百"方针。在这个问题上我们曾
经有过"左"的错误和干扰，但这不是党的方针。中国共
产党在文化科学和艺术的方针是"双百"方针。有人说，
既然强调坚持马克思主义指导地位，那只能是一花独放、
一家独鸣，何来百花齐放、百家争鸣呢？指导思想的一
元性问题与学术中的各种风格流派的多样性问题是两个不
同层次的问题。一个是用什么样的世界观和方法论作为研
究指导的问题，另一个是具体的学术观点和流派的问题。

我们提倡学术研究要努力学会应用马克思主义的世界观和方法论作为研究的指导，但决不排斥其他研究方法，也决不提倡用抽象的马克思主义原则代替具体的学术研究和艺术流派。当然，坚持"双百"方针决不是否定意识形态领域可能出现分歧和斗争。既然坚持马克思主义指导地位，那么，对重大的错误思想和思潮当然不能漠然置之，而必须发挥马克思主义的革命的批判的功能。我们不能放弃理论的批判功能，放弃意识形态领域中的马克思主义阵地。但这种批判必须是说理的，有说服力的。越是说理，越能巩固马克思主义意识形态的指导地位。真理的力量在于真理自身。

四、正确处理马克思主义和中国传统文化关系

目前传统文化研究和宣传热潮高涨，儒学重新成为显学。有些理论工作者感到迷茫，坚持以马克思主义为指导的方针是否发生变化？有些极端的儒学保守主义者误判形势，拔高之论迭出。意识形态领域陷于两难：似乎强调坚持以马克思主义为指导，就是贬低以儒学为主导的中国传统文化；反之，则应放弃马克思主义指导地位，重走尊

孔读经、以儒治国的老路。这种非此即彼、冰炭不可同炉的看法，理论上是错误的，实践上是有害的。

只有以马克思主义为指导，才能变革中国社会。近代中国革命历经失败，实现中华民族复兴这个伟大任务最终落在中国共产党的肩上。中国这个"旧邦"要复兴，中华民族要改变自己的命运，不可能再沿着过去改朝换代的老路走，沿着历史上尊孔读经的老路走。

中国社会主义制度的建立是社会形态的根本变化，这是中国历史上几千年未有的大变化。秦始皇统一中国之后的 2000 多年，中国历史的变化本质上是同一社会形态内部的变化。王朝易姓，改朝换代，都没有改变中国社会形态的本质。经济结构、政治结构、文化结构当然有变化，但都具有同一社会形态的历史继承性和延续性。在中华民族的开化史上，有素称发达的农业和手工业，有许多伟大的思想家、科学家、发明家、政治家、军事家、文学艺术家，有丰富的文化典籍。历史上出现过儒释道的相互吸收，也出现过新儒家，但儒学道统始终未变。在 2000 多年中，孔子是王者师，是素王，这个至高无上的圣人地位没有因为王朝易姓而发生根本变化。新王朝依然尊孔读经，依然看重儒家学说，并将其作为维护社会正常秩序和统治合理性的首要思想功能。

中国共产党成立的首要任务是革命，建立一个和历代王朝不同的社会主义新中国。这一重任，从思想理论指导角度说，只有马克思主义才能担当起来，因为其是关于社会形态革命的学说。它的辩证唯物主义和历史唯物主义哲学、劳动价值论和剩余价值学说、以阶级斗争和无产阶级专政为核心的科学社会主义学说，是一个严整、科学的思想理论体系。只有它才能为中国共产党解决中国问题提供指导，为沦为半殖民地半封建的中国找到一条民族复兴之路。中国民主革命的胜利，就是马克思主义与中国实际相结合的胜利。这条道路是通过武装斗争，以千百万人的流血牺牲探索出来的。这是一条推倒既有社会秩序、等级、法统、道统的"犯上作乱"，革命造反之路，是与儒家和新儒家倡导的修齐治平、内圣外王、返本开新迥异的道路。

中国共产党用 60 多年寻找中国社会主义建设和改革之路。同样是运用马克思主义基本理论和方法，结合中国实际才逐步弄清社会主义初级阶段生产力与生产关系、经济基础与上层建筑的关系，解决什么是社会主义、怎样建设社会主义问题，找到建设中国特色社会主义之路。中国特色社会主义道路、理论体系、制度、文化的建设，就其指导思想来说都是马克思主义，是马克思主义和中国实际的结合。

只有继承中国优秀传统文化，马克思主义才能在中国取得胜利。中国要革命和变革，就必须以马克思主义为指导，但它又不能取代中国传统文化。中国共产党人历来关注文化建设和中国传统文化教育。毛泽东同志在《中国共产党在民族战争中的任务》一文中指出，"从孔夫子到孙中山，我们应当给以总结，承继这一份珍贵的遗产。这对于指导当前的伟大的运动，是有重要的帮助的。"从孔夫子到孙中山给以总结，承继这一份珍贵遗产，这个任务仍然任重而道远。

马克思主义的强大力量就在于它与中国实际的结合，其中包括与中国历史和传统文化的结合。中国共产党是中国的共产党，是在中国建设社会主义。它们均植根于具有深厚历史传统和文化传统的 13 亿多人口的中国，必须重视中国的历史和文化遗产，重视中国传统文化尤其是儒家学说对中国社会结构、民族性格、人的思想和价值观念的深刻影响。马克思主义要在思想和情感上为中国先进知识分子和以农民为主的中国人民所接受，就必须植根于中国的历史和文化。中国革命需要马克思主义，中国文化和历史传统能够接纳马克思主义。

新中国成立后需要解决的问题很多，包括社会生活各个领域，尤其是在精神文明建设方面、在软实力建设方面，单凭马克思主义作思想理论指导，而不充分发掘、吸取与运用中华民族丰富的文化资源来进行社会治理、人文素质培养、道德教化，是不可能完成的。如果说，认识和处理马克思主义与中国传统文化的关系，在以军事斗争为中心的武装夺取政权时期还不太急迫，那么革命胜利以后，随着社会主义建设的发展，特别是随着社会转型期道德、信念、理想、价值中出现某种程度的紊乱的时期，就成为一个非常急迫的问题。

"攻守易势"和"马上得天下，不能马上治之"，是中国历史的两条重要经验。在革命时期，中国共产党处于攻势，主要任务是推翻旧中国和改变旧秩序，夺取政权；中国共产党掌握政权后，就不仅要破，还必须立。现在我们是当政者，处在时刻"被攻"的地位。国家治理如何，社会秩序如何，人民生活如何，环境状况如何，全国人民都指望着中国共产党，都要由当政者来负责。从这个角度说，取得全国政权就是"攻守易势"的开始。

"马上得天下，不能马上治之。"正心诚意修齐治平，不是中国革命胜利之路，却是取得政权后当政者的修养和为政之道。以儒家学说为主导的传统文化包含丰富的治国理政、立德化民智慧。要研究中国历史上治国理政的经验和中国传统文化，尤其是儒家学说中注重社会和谐和民本的治国理政智慧，研究如何立德兴国、教民化民。正是从这个认识基点出发，我们党才强调全面依法治国的重要性，强调中国传统文化中优秀治国理政智慧的重要性，大力倡导弘扬社会主义核心价值观，构建社会主义和谐社会，实现"马上"夺权到"马下"治国的精彩转身。中国特色社会主义建设就是在不断总结经验中发展和前进的。

五、马克思主义的当代价值

19世纪中叶诞生的马克思主义学说，是人类历史上的伟大创造，是思想天空出现的理论智慧之星，永远不会过时。马克思依然是世人心目中伟大的思想家和革命导师；他所创立的马克思主义依然是我们时代的光辉旗帜。在世界上，预言一再破产、声名狼藉的不是马克思主义，而是马克思主义的顽固反对者。立足实践、面对时代的马克思主义，其当代价值突出表现为观察和解决当代问题的立场、观点和方法。

毋庸讳言，当代世界，仍然处于马克思恩格斯所预言的从资本主义走向社会主义的时代。当代经济全球化趋势与资本主义社会的内在矛盾，充分显示了马克思恩格斯的理论洞察力。资本主义全球化的扩张是《共产党宣言》已经揭示的历史进程。资本主义社会并没有因全球化而改变它的本性和矛盾。远的不说，就从国际金融危机看，许多西方国家经济持续低迷、两极分化加剧、社会矛盾加深，正是资本主义固有的生产社会化与资本主义私人占有之间矛盾激化的外在表现。《资本论》所揭示的资本主义社会的基本矛盾、资本运行规律至今仍然是我们考察当代资本主义新特征的钥匙。在中国，我们已经进入中国特色社会主义新时代，习近平新时代中国特色社会主义思想的产生和形成，同样是马克思主义当代价值的充分体现。

马克思主义最鲜明的理论品格、最突出的理论优势就是与时俱进。我们党是高度重视理论建设和理论指导的党，历来强调理论必须同实践相统一。在中国革命、建设、改革的历史进程中，中国共产党人一直坚持不懈地把马克思主义基本原理同中国实际相结合，不断推进马克思主义中国化，不断开辟马克思主义在中国发展的新境界，指导党和人民取得了革命、建设、改革的伟大成就。党的十八大以来，以习近平同志为核心的党中央，坚持解放思想、实事求是、与时俱进、求真务实，坚持辩证唯物主义和历史唯物主义，紧密结合新的时代条件和实践要求，进行着划时代的理论创新、实践创新、制度创新、文化创新以及其他各方面创新，以全新的视野深化对共产党执政规律、社会主义建设规律、人类社会发展规律的认识，逐步形成了习近平新时代中国特色社会主义思想。

习近平新时代中国特色社会主义思想和马克思主义基本原理、马克思主义中国化的其他理论成果虽然形成于不同的历史时期、致力于解答不同的时代课题，但都站在相同的政治立场上，具有相同的理论基础、理论精髓、理论品质和价值理想，是一脉相承的科学理论谱系。习近平新时代中国特色社会主义思想之所以是新时代，就是因为它肩负了新的历史使命。它以其深刻的理论性、实践性和鲜明的战略性、前瞻性，从根本上引领党和国家事业取得历史性成就、发生历史性变革。中国要想实现长治久安，真正朝着社会主义、朝着未来共产主义方向不断迈进，这三个环节一个也不能少：坚持党的领导，坚持全面从严治

党；有坚强的党的领导核心；有引领航向的路线思想。党
的十九大明确把习近平新时代中国特色社会主义思想作为
党和国家的指导思想写入新修订的党章和宪法，就是对马
克思主义基本原理的坚持和发展。

马克思主义在中国之所以显示出强大生命力，最根本
的就是我们党把坚持马克思主义和发展马克思主义统一起
来，做到既不忘老祖宗、又讲出新话。习近平新时代中国
特色社会主义思想，系统回答了新时代坚持和发展什么样
的中国特色社会主义、怎样坚持和发展中国特色社会主义
这个重大时代课题，提出了以"8个明确"、"14个坚持"
为主要内容的一系列新思想新观点新论断，以巨大的理论
勇气对马克思主义哲学、政治经济学、科学社会主义理论
的发展作出了原创性贡献，可以说，习近平新时代中国特
色社会主义思想就是21世纪的马克思主义、新时代中国
的马克思主义。我们要有这样的理论自觉，更要有这样的
理论自信。

当前，世界格局正处在加快演变的历史进程之中，产
生了大量深刻复杂的现实问题，提出了大量亟待回答的理
论课题。我们要在习近平新时代中国特色社会主义思想的
指引下，对资本主义结构性矛盾以及生产方式矛盾、阶级

矛盾、社会矛盾等进行批判性揭示，对资本主义危机、资本主义演进过程、资本主义新形态及本质进行深入分析，从而正确认识资本主义发展趋势和命运，准确把握当代资本主义新变化新特征。这将有利于人们重新认识马克思主义理论的真理性，有利于世界人民对新的更公正更合理的社会主义制度的追求和选择。

历史是最好的老师。在一个曾经饱受帝国主义欺凌的中国，在一个贫困落后的中国，中国共产党人高举马克思主义和中国特色社会主义的旗帜，以永不懈怠的精神状态和一往无前的奋斗姿态，创造出前无古人的发展成就，使历经苦难的中华民族迎来了从站起来、富起来到强起来的伟大飞跃，迎来了实现中华民族伟大复兴的光明前景。

第四章

不断发展和完善社会主义制度

一、社会主义制度的价值基础

二、社会主义制度与资本主义制度的比较

三、市场经济改革必须以坚持社会主义基本制度

　　为前提

四、发展中国特色社会主义民主政治

一、社会主义制度的价值基础

一个社会的核心价值是在价值系统中处于主导地位、具有引领社会思潮和集中体现意识形态本质的价值规范。它的构成有两个条件：一是反映它的社会基本制度的本质和有利于维护该制度的巩固；二是反映在该社会处于统治地位阶级的核心利益。可以说一个社会的核心价值，就是这个社会的社会制度本质和处于统治地位的阶级核心利益在社会主导价值中的凝结。它是核心价值，因为其支配和主导整个社会的各个领域，包括经济、政治、文化、道德各个领域人们行为的基本价值规范。任何社会的核心价值本质和功能都是如此。社会主义核心价值也不例外。

每个具体社会都有其各自的特点，但又具有不同社会形态的共性。西方资本主义国家风貌各异，但都属于资本主义社会形态；西方领主庄园制与中国地主土地所有制各具特点，但都可称为封建社会形态。从一个社会的核心价值中，我们不仅可以发现每个社会的具体社会特点和民族文化传统，而且可以发现它们拥有同一种社会形态赋予的共同特性。西方资本主义国家总是强调它们具有相同的价值观，原因就在于它们属于同一社会形态。从社会形态高度，从不同社会形态阶级关系变化的高度，才能真正理解不同社会核心价值的本质。离开历史唯物主义关于社会形态的理论，往往容易陷入关于核心价值本质的抽象争论。

当代中国的社会主义核心价值，既不能脱离社会主义形态的根本属性，又不能离开中国的文化传统和民族特色。它反映中国特色社会主义制度的本质和核心利益，反映作为社会主义社会制度下的全体中国人民的核心利益。这是社会主义社会核心价值不同于以往阶级社会核心价值的特点。它的基本制度特性是社会主义制度；它的利益主体是全体人民。因此，在构建社会主义核心价值时，社会主义核心价值与以往社会的核心价值不存在继承，因为社会基本制度和利益主体不同。社会主义制度的变革同时也是以往封建社会和资本主义社会核心价值的变革，但可以批判地继承作为人类文化和道德积累的基本价值规范中的积极因素，改变其内容，构建社会主义中人的行为和道德规范。社会主义仍然需要自由、民主、平等、人权，需要讲忠讲孝、讲仁讲爱、讲信讲义，要知廉知耻，但不是简单把它们作为社会主义核心价值的规范，因为核心价值的构建不是原有一般价值概念的移用，也不是简单的文化的吸收和继承，而是要凝炼反映社会主义制度本质和全体人民核心利益，是具有特色的主导价值规范。

在构建中国特色社会主义核心价值观念时，我们会发现其中可能包含西方和中国传统社会某个既成的价值规范用语，但它在社会主义核心价值观念中，已经被注入新的内容，而不是原有价值范畴的简单挪用。如果不注入新内容，而是把它作为社会主义核心价值的构成要件，就不能反映社会主义的本质和人民地位的根本变化。因此，离开社会主义制度本质和社会主义制度下人民的核心利益，单纯在概念和范畴组合上下功夫，很难真正凝炼出符合社会主义制度本质、符合人民根本利益，能为人民所理解、接受和实行的核心价值。

任何一个社会的核心价值的形成，都经历过一个或长或短的理论化和实践化的过程。社会主义核心价值正在构建和实践中。对什么是社会主义核心价值规范，可能见仁见智，各有所说。党的十八大报告，把社会主义核心价值观概括为"富强、民主、文明、和谐，自由、平等、公正、法治，爱国、敬业、诚信、友善"24个字。这些价值范畴作为相互关联、彼此依存的规范，不是单个的词语，这是以往任何社会所没有的，它只能产生和出现于社会主义社会，反映社会主义制度的本质和人民地位的根本变化。

社会主义社会核心价值，对其他基本价值或价值规范，可以说是普照之光。在它的指引下，人类发展中形成和凝结的政治、道德、文化以及各个领域中的基本价值规范可以得到合理的吸收。由于核心价值的转换，在社会主义核心价值的普照之光的照耀下，西方资本主义的自由、民主、平等、人权以及中国传统社会的忠孝仁爱、礼义廉耻等人们耳熟能详的价值规范，获得新的内容。社会主义制度当然需要自由，包括言论自由、出版自由、人身自由以及其他在人类进步中获得的自由权利，但它必须受社会主义核心价值的引导成为有利于社会主义制度、有利于人民利益的自由，而不是相反。而且社会主义社会的自由超越了原有资本主义制度下的自由界限，它的更高目标是人的全面和自由发展，自由与共产主义最高理想是结合的，民主也是如此。

二、社会主义制度与资本主义制度的比较

有些人从国外旅游回来，或者从书本刊物中看到一些有关国外情况的介绍，很可能产生一个问题：究竟是资本主义制度好还是社会主义制度好？有些年轻人弄不清楚这个问题，也不知道应该如何回答。这里既存在思考方法问题，也存在情感和价值取向问题。我先讲思维方法，这就是如何比较的问题。比较是一种科学研究方法，现在不仅有比较历史、比较哲学、比较文化，而且各个学科都可能运用比较方法，因为思想和事物一样都有相同或相异之处，有同异，就可比较。资本主义制度和社会主义制度的比较既存在纵向比较，又存在横向比较。两种比较并用，才能更好地回答这个问题。从历史发展来说，资本主义也存在纵向比较的问题，这就是与它由而产生的封建社会的比较问题。资本主义社会比封建社会优越，这是不言自明的。尽管资本主义社会刚刚诞生之时曾受到封建思想家的抨击和打压，但资本主义社会终究以它的优越性战胜了封建社会。马克思就曾经从纵向发展的角度高度赞扬，"资产阶级在历史上曾经起过非常革命的作用"。它创造了完全不同于埃及金字塔、罗马水道和哥特式教堂的奇迹。不

到一百年的时间，它就创造了比过去一切世代创造的生产力还要大、还要多的生产力。至今西方发达资本主义国家在科技发明创造方面仍然具有活力，从先进军事技术到民用的电子电器等方面的发明，都说明了这一点。我们从来没有否认西方资本主义的成就，也没有否定吸收西方先进科学技术的重要性，改革开放就包括这方面的内容。

问题是我们这里不是讨论资本主义在历史上的进步性和贡献问题，而是社会主义与资本主义两种社会制度比较的问题。这属于横向比较。当代世界是资本主义与社会主义并存，而且资本主义处于支配地位的世界。没有一个现实的社会主义国家是由高度发达的资本主义社会脱胎而来，因而现在的社会主义国家在生活水平、社会保障和社会福利、生态环境、科学技术发展等方面，与发达资本主义国家比较，还有距离。这就是一些人在思想认识上认为社会主义不如资本主义的原因。但是，资本主义制度和社会主义制度的横向比较不能离开纵向比较，是因为它们的产生和建立都经历了一个历史过程，因而横向比较时容易忽视各自的纵向历史，单纯横向比较是不客观、不科学的。我们不能仅仅从横向角度，把一个经过几百年发展的高度发达的资本主义社会与一个正在成长中的社会主义社会作比较。资本主义社会从 16 世纪开始至今已经数百年，它在向外殖民时期积聚和掠夺了世界的财富，才造就了少数发达资本主义国家。而中国依靠社会主义制度在 70 年中，通过中国特色社会主义的建设，成为世界第二大经济实体，它的崛起不是依靠战争和海外掠夺，而完全是依靠社会主义制度自身的力量。中国的崛起显示了社会主义制度的优越性。对于经历过旧中国的人来说，社会主义社会比资本主义社会优越，是不言而喻的。这是我们多年来的亲身感受，而我们的第二代、第三代有些人则不一定这样看。他们看到的是西方资本主义的富裕、发达、高福利，而中国现实的社会主义仍然有许多不能令人满意，甚至令人十分不满意的地方。因为两代人比较的方式不同。老一代人是将横向比较放在纵向比较的历史进程中来比较，而新一代的有些人往往单纯趋向横向比较，而完全撇开纵向比较，因而缺少历史感。中国的社会主义是在半殖民地半封建社会的旧中国的基础上建立是从没有钢、没有任何工业，甚至不会生产火柴而称之为洋火的基础上建立的。而西方资本主义经过了几百年的发展，是在殖民掠夺基础上逐步发展起来的。中国科学技术、人均收入水平、社会保障制度仍然落后于发达资本主义，这不是社会主义制度不如资本主义制度，而是社会主义中国在某些方面还落后于西方发达国家。但中国在世界上的地位和国力，远比不少现在仍然实行资本主义制度的国家更为重要和强大。只是与为数很少的发达资本主义国家（如美国）相比，还有相当差距，可就其发展速度和可能性限度来说，并不逊于资本主义国家。从制度角度说，资本主义是夕阳而社会主义是朝阳；从现实角度说，资本主义是"百足之虫"而社会主义则是"新生的婴儿"。没有历史和发展的眼光，鼠目寸光，只看到现实而看不到发展，不知道从基本制度高度来观察社会主义和资本主义，而是从现实力量角度比较两种制度，很多事情看不明白，一个人的前途在于它的发展潜力，而不在于它的现状，所谓前途不可限量，指的就是潜力；一个社会同样如此，社会的优越性，在于它发展的可能性、发展的速度和发展的空间，而不在于它的现状。现状是可以改变和正在改变的。一个具有发展潜能的新生制度，当它从旧制度母胎中脱胎而出时总是弱小的，新生之儿其形必丑。黄毛姑娘十八变，越变越漂亮，老太太则只能越来越丑。当资本主义刚兴起时，封建贵族瞧不起那些暴发户嘲笑他们不如贵族有教养、有风度，他们说要多少代才培养一个贵族；可当资本主义社会完全取代封建社会后，贵族没落，所谓骑士精神变为笑料。像堂吉坷德式的人物，或像莫里哀戏剧中的那些贵族式的人物，成为被讽刺的对象。社会主义制度比资本主义制度优越，现实的中国社会主义在一些方面不如美国的发达资本主义。这就是矛盾，是社会形态与具体社会之间的区别。从社会形态序列看，社会主义高于资本主义社会形态。从具体社会看则不一定，这是因为具体社会从产生、发展到成熟必须经历一个过程。到中国"两个一百年"，即建党一百年和新中国成立一百年，或更长的时间再来横向比较，社会主义制度不如资本主义制度的论调肯定要破产。

三、市场经济改革必须以坚持社会主义基本制度为前提

为什么自 20 世纪上半叶南斯拉夫开始探险，然后是波兰、匈牙利，随后是苏联的戈尔巴乔夫、叶利钦，都进行过以市场为导向的改革，结果原有的社会主义国家一个一个改变颜色，中国却能成功地实现从计划经济体制向市场经济体制的根本性转变，使经济得到持久迅速的发展，而社会主义制度自身在实现这种转变中又得到不断完善呢？

根本问题不是不应该进行市场经济的改革，而是以什么样的指导思想进行市场经济的改革，进行什么样的市场经济的改革。当改革者采取新自由主义的方针，把市场经济改革与全面推行私有化相结合，必然改变原有的社会主义生产方式，从而导致社会结构的根本变化。而中国特色社会主义理论坚持社会主义基本制度与社会主义市场经济改革相结合的原则，坚持社会主义的基本制度，充分发挥市场经济在资源配置中的基础性作用，调动各种所有制参与市场竞争的积极性，以有利于解放生产力和发展生产力，从而达到既迅速发展经济又实现社会主义自我完善的最佳效果。

有的西方学者难以理解，为什么实行市场经济体制的中国，在上层建筑领域中仍然坚持共产党的所谓"一党专政"，坚持马克思主义在意识形态中的指导地位。按他们的看法，既然实行市场经济，那政治制度就应该实行多党制、议会制，在意识形态领域实行指导思想的多元化，实行资本主义的自由、民主、平等，那才符合市场经济原则。他们期待中国，或者改革按照市场经济原则改变整个上层建筑，或者由于上层建筑束缚中国市场经济的发展，从而为市场经济的积极力量所冲垮，只有这样才符合经济基础与上层建筑相结合的历史唯物主义。

这是对历史唯物主义关于经济基础与上层建筑理论的曲解。邓小平说过，计划不等于社会主义，资本主义也有计划；市场不等于资本主义，社会主义也可以有市场。这说明无论是计划或市场都不是经济基础，而是经济运行的方式。按照历史唯物主义原则，经济基础是生产关系的总和，核心是所有制。资本主义社会的经济基础是以资本主义私有制为核心的生产关系的总和；而处在社会主义初级阶段的当代中国，它的经济基础是以公有制为主体，多种经济成分同时发展的基本经济制度。我们国家的社会主义上层建筑是与这种经济基础相符合的。当然也会存在不相适应的矛盾，因而必须通过改革不断调整这种矛盾，但上层建筑中共产党领导的多党合作制度、民主制度和马克思主义指导地位的依据，是以公有制为主体的社会主义基本经济制度，而不是市场经济。市场经济并不是社会主义中国的经济基础，而是与我国社会主义基本经济制度相结合的经济运行方式。它对上层建筑不起决定作用，起直接决定作用的是社会主义经济结构。市场经济的运行方式、作用和范围，要受社会主义基本经济制度和政治制度的制约。

当然，从历史唯物主义观点来看，我们并不忽视市场经济的运行方式从经济基础到上层建筑对社会主义的社会结构所可能带来的深远影响。市场经济既有利于调动所有社会成员参与经济活动的积极性，推动生产力的迅速发展，但又可能导致两极分化，拉大贫富差距。而且它有可能侵入政治领域，引发钱权交易，也有可能侵入思想道德领域，引发价值观念的混乱和道德水平的下降，如何在充分发挥市场经济积极效应的同时，防止它消极方面作用的扩大和泛化，就不是单纯政治经济学一个学科能够解决的问题，而必须把政治经济学对市场经济的研究放在整个马克思主义理论体系中，放在与哲学和科学社会主义理论相关联的体系中展开研究。

在社会主义基本制度下推行市场经济改革，应该是用社会主义制度来制约和规范市场经济，而不是用市场经济来改变整个社会主义制度。一个是基本的社会经济制度和政治制度，另一个是在这种社会制度下经济活动的方式，我们奉行的是马克思主义的科学社会主义，是实行社会主义市场经济，而不是奉行市场社会主义，用全盘市场化的改革来改变社会主义基本制度。

完善社会主义市场经济是进一步推进改革的重中之

重。但完善市场经济，并不意味着把整个社会生活市场化，而是使市场经济的运行机制健康有序，使市场经济有利于构建社会主义和谐社会，有利于建设中国特色社会主义。完善社会主义市场经济就包括完善宏观调控，完善社会主义基本经济结构，正确发挥社会主义国家的经济和政治职能，不可能单独靠市场经济来配置一切。

有些经济学家总是讳言我国私营经济的非公有制属性，讳言存在剥削，乐意把它称为民营经济或民本经济。在我看来大可不必。当代中国的非公有制经济成分是中国共产党在1956年全行业公私合营以后，又经历了20多年发展自己重新搞起来的。当年我们党领导三大改造，反对资本主义私有制，敲锣打鼓，全行业公私合营，叫做社会主义伟大胜利；现在私人资本在整个国民经济中占有举足轻重的地位，是中国特色社会主义的伟大胜利。这真是此一时彼一时。如果没有马克思主义历史唯物主义观点，或对马克思主义基本原理采取教条主义态度，是无论如何也无法理解的。

非公有制经济在中国的再生和迅速发展问题，不仅是个经济学问题，同样是个哲学问题。离开生产力与生产关系、经济基础与上层建筑相互关系作用的规律，就很难理解这种变化。1956 年的社会主义改造是必要的，不如此，就没有强大的国有经济，也没有以强大的经济力量为基础的新生的人民民主政权。从生产力到生产关系、经济基础到上层建筑，除了共产党执政外，与夺取全国政权前的旧中国没有根本性的变化。如果这样，就没有后来进行改革、发展多种经济成分的经济基础和政治基础。

问题是中国在进行社会主义改造并形成比较强大的国有经济以后，在很长一段时期，国有经济独占独大，而且在计划经济体制下片面强化上层建筑对经济基础的作用。这就造成生产力与生产关系、经济基础与上层建筑诸多不相适应的矛盾。在消灭资本主义经济以后又重建私营经济，出现多种经济成分并以市场经济作为社会资源和劳动力配置的方式，有利于解放和发展生产力。因此改革本质上是调整社会主义社会的基本矛盾，是社会主义制度的自我完善，只有站在历史唯物主义高度，从调整社会主义社会基本矛盾着眼，才能理解非公有制经济在新时期的地位和作用。用不着争论姓"资"还是姓"社"的问题，也用不着讳言存在剥削，更用不着修改劳动价值论和剩余价值理论。只要我们懂得真理是具体的，抽象真理是没有的。私人所有制、剥削、剩余价值并不是在任何条件下都是绝对坏的东西。

在经济学研究中如果坚持马克思主义哲学指导，懂得历史唯物主义，懂得一切依时间、地点、条件为转移，就不必讳言私营企业的非公有制性质。应该懂得，按照社会主义发展的阶段和我国的社会发展水平，处于社会主义基本经济结构中的私营企业，它的地位和作用不同于没有强大公有制为主体的私人资本主义。在社会主义基本经济结构中，它可以发展社会生产力，增强综合国力，解决就业，增加供给；剩余价值既可以增加社会财富总量，又可以满足私人资本逐利的活力；私人企业主，可以以他们的资本、管理经验和技术创新，为中国特色社会主义建设做出贡献。不要在名称上争论，是企业家还是资本家；是剩余价值还是资本收入。

我们丝毫不否认，公有制与私有制之间，资本与劳动之间、富裕与贫困之间的社会矛盾肯定会存在的。社会主义上层建筑，即国家，当然要发挥它的调控功能。这是建设中国特色社会主义需要解决的矛盾。如果矛盾处理不当，社会基本经济制度中各经济成分的结构失衡，甚至让私有化的思潮成为主流，当然会危及社会主义制度。如果我们不把发展资本主义经济问题，不把多种经济成分共同发展问题，放在中国社会主义初级阶段的社会结构和社会基本矛盾运动中来考察，是会不得要领的。

四、发展中国特色社会主义民主政治

有的理论家强调民主的普世性。表面看来，资本主义是民主制度，强调民主；社会主义同样应该是民主政治。民主这个"德先生"，西方有，中国也应该有，这是毫无疑问的。可以说，社会主义需要民主本来自马克思主义基本原理。列宁在《论面目全非的马克思主义和"帝国主义经济主义"》中甚至说，"胜利了的社会主义如果不实行充分的民主，就不能保持它所取得的胜利，并且引导人类走向国家的消亡"。毛泽东早在延安时期就有把民主作为防止历史周期率的有效工具的论断，也是理论界众所周知的。

当然，民主作为当代政治文明会有某些共同点，例如票决制、少数服从多数、公民的普遍参与等，但西方的民主与中国特色社会主义的民主政治的内涵有着根本的不同。西方的民主是选举的民主，是多党制的民主。在西方，一人一票的民主并不能真正代表民意和人民利益。选出的并不是人民利益的代表，往往是政治家甚至是政客，是某个特定利益集团的代表。这就是为什么大财团愿意"出血"支持某个竞选人的"秘密"。至于多党制也是如此。"你方唱罢我登场"的民主，对西方资本主义制度是有效的、有利的。因为它能通过换马来"纾困"，平息人民的不满和燃起对新一届政党政府的"希望"。这种"纾困"和"希望"不断交替，对资本主义长期维持自己的统治是有利的。难怪马克思主义经典作家称民主制是资本主义"最好的"统治形式，是资本主义制度最好的"外壳"。

　　我们能照抄西方多党制的民主吗？能满足不管选出的是不是政客，是不是特定利益集团代表人物都无关紧要，而只要一人一票就算是"民主"吗？当然不能。中国特色社会主义要建立的民主，是中国共产党的领导、依法治国和人民当家做主相结合的民主政治。这三者不可分。其中，人民当家做主是社会主义民主政治的本质和核心，而它的实现程度和方式，是测量社会主义民主成熟与否的重要尺度。至于用多党制来代替中国共产党领导的多党合作和政治协商制度，用西方政党不参与政府来取消中国共产党的执政地位，都会根本改变中国特色社会主义的社会主义性质。如果我们在理论上把民主和市场当作普世价值，否定民主的社会制度本质，否定在中国市场经济必须与社会主义民主制度相结合，其后果是显而易见的。这一点任何一个稍有马克思主义基本常识的人都懂。西方理论家和政治家们在不断"教育"我们。当年东欧开始改革时，西方有位高水平的理论家为他们提出一个包治痼疾的药方，就是最简单的两味药：市场和民主，他所谓的市场就是资本主义的市场经济，所谓的民主就是西方多党制和议会制民主，药效如何，世人周知。

第五章

筑牢文化自信的理论和现实基础

在当代中国，文化自信既不是源自文化哲学的理性思辨，更不是文化民粹主义的非理性狂躁。它与道路自信、理论自信、制度自信共同构成中国特色社会主义的"四个自信"。其中文化自信具有更基本深沉持久的精神支柱作用，但它同样离不开其他三个"自信"。改革开放已走过千山万水，仍须跋山涉水。随着世界百年未有之大变局的到来和国内改革开放的不断深化，中国特色社会主义事业不会风平浪静。道路之争、制度之争、理论之争，会如大海之波涛，时高时低，它会影响对"文化"的"自信"。故此，我们不能局限在文化领域阐述文化，而应该从历史的认知和中国特色社会主义的道路、理论、制度的伟大成就基础上阐述文化自信的历史渊源和现实根据。

一、国家统一强大是文化传承连续性的根本保障

水是生命之源，其实也是文明之源。世界上四大文明

古国都发祥于河流：两河流域的巴比伦文明、尼罗河流域的古埃及文明、印度河流域的古印度文明，黄河长江流域的中华文明。文明的产生与河流有关。河流可以不变，文明的发展却可以中断。并非所有古代文明的发展都是连续不断的过程。法国学者费尔南·布罗代尔曾引用另一个作者的话说，"如果社会发生动荡和变革，建立在社会之上的文明也会发生动荡和变革"。除中华文明外的世界其他三大古文明都发生过文明连续性的中断。当统一国家发生分裂或遭遇强烈动荡时，历史的连续性会中断，文化同样会因国家分裂而碎片化，演化为不同国家的文化，对自己古代的文化只有历史学的回忆，而无现实的延续性。

在古代文明中只有中华民族的文化没有中断。它与地缘政治问题相关，但具有决定意义的是国家自身的统一和强大。古代中国，周围没有比中国更强大的敌国，因而没有因敌国入侵所引发的亡国和分裂。中国先秦时的中原侯国都是姬姓兄弟叔侄关系；后来在中原政权周围和边陲存在不同民族政权关系，它们不是现代意义的国与国的关系，而是不同的民族政权的关系。它们都处在后来逐步形成的中国的疆土范围之内，因而具有历史的双重性：从政治上说，它是不同民族政权的关系，但从民族角度说，它

124

们是正在形成中的中华民族这个大家族中的不同民族。

　　中国历史上曾经有过少数民族入主中原建立王朝，但不是外国入侵，而是不同民族在不同时期处于统治地位的更替。中国仍然是中国，尽管存在着王朝的变化，但王朝变化是统治者的更换，新旧王朝之间仍然存在连续性和关联性。中国几千年历史中有王朝易姓和民族政权之间的战争，但没有因外国敌人入侵而产生的国家灭亡。中国内部不同政权的对峙，时间长短不一，最后仍然是统一。统一是中国历史的主流。正是在王朝更替中，各民族文化得到整合和融合，并逐步形成以儒学为主导的一体多元的中华民族文化。蒙古族建立的元朝、女真人建立的清朝仍然是中国历史发展中的一个阶段。"崖山之后无中国，明亡之后无华夏"，诚如有的学者所言，此实乃偏激之论。元史、清史仍然是中国历史，它们尊崇的文化仍然是中华民族文化。西域诸民族政权以及辽金西夏的历史仍然被记载在中国正史之中，属于中国历史的一部分。由此可见，保持国家统一，没有分裂成不同的独立国家；国家强大没有外国侵略者的占领，中华民族的主体文化必然会是统一的文化。当然在统一的国家中，各民族会有自己本民族文化，各地区有地域文化。它使中华民族的民族文化丰富多彩，而不是与主体文化脱钩、异道而行的另一种文化。中华文化是无侵略性的凝聚性的向心文化，它不断地像雪球一样越滚越大、越聚越紧。世界上没有完全由同一种文化处于主导地位的两个不同国家。国家不同，主导文化就会不同，反之亦然。

中国共产党领导中国人民经过浴血奋斗，终于结束了国家混乱、军阀割据、帝国主义驻军和各自占据租界治外法权的局面。中国成为主权独立的国家。一个强大的统一的各民族团结的中华人民共和国，是确保中华民族的文化连续性不会发生中断的政治保障。新中国成立 70 年，是中华民族更加繁荣的 70 年，也是各民族文化更加繁荣并更丰富的 70 年。一些外部势力处心积虑地企图分裂中国，企图把统一的中国分裂为几大块，我们应该高度警惕。分裂中国，就是灭亡中国。中国的分裂，同时也就是中华民族五千年历史和文化的连续性中断与碎片化。任何一个真正热爱中华民族文化的人，必定同时是一个真正的爱国主义者。反之亦然。强大而团结的中华人民共和国是我们"文化自信"的国家保障。

中国从 1840 年后屡遭强敌侵略。国家风雨飘摇、生灵涂炭、民不聊生，人民生活在水深火热之中，文化自信受到极大伤害。有人说这是"打悲情牌"。这种说法是完全错误的。我们可以忘记历史上的仇恨，但不能没有历史的记忆和耻辱感。悲情是乞求怜悯和同情，或煽起民粹主义情绪，而历史的耻辱感是点燃爱国心、激起奋发图强心的火把。马克思非常重视一个民族的耻辱感。他说过："如果整个国家真正感到耻辱，那它就会像一只蜷伏下来的狮子，准备向前扑去。"因历史恩怨而排外是民粹主义，深感历史上曾经落后挨打的耻辱而奋发图强是爱国心。中国由睡狮到醒狮的转变正是基于全民族强烈的爱国之心。习近平总书记在主持召开学校思想政治理论课教师座谈会上的重要讲话中强调要"厚植爱国主义情怀，把爱国情、强国志、报国行自觉融入坚持和发展中国特色社会主义事业、建设社会主义现代化强国、实现中华民族伟大复兴的奋斗之中"。这是对中国历史和近百年历史经验教训的总结，也是我们对新中国成立 70 年所取得的国家成就拥有民族自豪感和文化自信的根据。

二、发展经济、优化制度是坚定文化自信的深厚基础

马克思主义用唯物史观看待文化，把文化看成是由

生产方式决定的观念形态的东西。一个社会的文化，是与特定社会的经济、政治相关联的。占主导地位的文化性质，是由占主导地位的经济和政治状况决定的。物质生产方式制约着精神生产。从事精神生产的人，生活在一定的社会形态之中，他们不可能越出自己社会许可的范围之外创造自己的文化。尽管影响文化的因素是多种多样的，文化与经济和政治的联系会由于许多中间环节而变得模糊，但物质资料生产方式在精神生产中的最终决定作用，政治制度对文化发展有或推进或阻碍的作用是确定无疑的。

在前资本主义社会，中国是世界上农业最发达的国家之一。中国传统文化的高度发达和丰富多彩，与中国历史上农业经济发展成熟和手工业高度发达密不可分。毛泽东在《中国革命和中国共产党》一文中强调："在中华民族的开化史上，有素称发达的农业和手工业，有许多伟大思想家、科学家、发明家、政治家、军事家、文学家和艺术家，有丰富的文化典籍。"中国历史上封建社会的农业生产方式的成熟和农业手工业的高度发达，是中国文化和文明得以高度发达的经济基础。中国发达的传统文化是不可能建立在极其贫穷落后的经济之上的。

中国的封建制度也有其特殊性。从秦始皇"奋六世之余烈，振长策而御宇内，吞二周而亡诸侯，履至尊而制六合"建立秦王朝后，废除封邦建国的旧制度，实行中央集权的郡县制，国家官员由中央任命，书同文、车同轨，使中国成为统一的国度，而不是众多诸侯国的集合。大一统的观念从制度上得到保障。柳宗元《封建论》中为郡县制辩护，驳斥因秦二世而亡否定郡县制改革的历史意义，指出"咎在人怨，非郡邑之制失也"。并以汉代恢复分封制度的弊端为教训："汉有天下，矫秦之枉，徇周之制，剖海内而立宗子，封功臣"，结果酿成吴楚七国之乱。柳宗元的结论是，"秦制之得亦以明矣。继汉而帝者，虽百代可知也"。自此以后，中国历史上中央集权的郡县设置名称可以不同，地域划分可以变更，官吏设置可以改变，但没有再回归废除郡县、封邦建国的旧制度。中国历史上改朝换代、王朝易姓颇为常见，主要是因为封建社会的基本矛盾激化、土地兼并、富者良田阡陌、贫者无立锥之地、政治腐败、苛捐杂税而引起的人民的反抗。

中国历史具有的连续性并没有因王朝易姓而断裂，文化传统的连续性也没有中断。中央集权的郡县制是王朝更替后自我修复的重要机制。中国官员的升迁选拔制度经过演变也在不断优化。从隋唐后破除门阀制，确立科举制，层层考试，为中下层地主子弟甚至寒门学子开辟了一条跻身统治阶层的道路。宰相起于州部、猛士起于卒伍的人才培养和官吏选拔具有更大的可选择性空间。科举制推动文化重心的下移，读书不再仅限于名门望族，这对文化的传播起到极大的推动作用。

习近平总书记说："历史是最好的教科书，也是最好的清醒剂。"我们清楚地认识到，中国封建社会是君主专制的社会，本质上是人治而非法治，它是中国历史进程中的一个阶段，具有其不可避免的历史局限性。社会主义中国决不会无分别地接受适合封建君主专制制度的东西，从制度到思想都是如此。社会主义在反对资本主义自由化的同时，也注意反对封建主义思想的遗毒。但中国封建社会的历史并非一片黑暗，我们的先辈为后世子孙积累了不少可供继承的东西。无论是中央集权的郡县制的国家体制的建构和人才选拔中强调选贤与能、制度化的官吏监督制度，都有可供借鉴之处。在中国共产党领导下，新中国成立 70 年来，我们以马克思主义和马克思主义中国化的理论为指导，确立了中国共产党领导的多党合作和政治协商制度、民族区域自治制度以及基层群众自治制度，并根据中国历史经验和基本国情逐步找到了一条不同于西方资本主义现代化的社会主义现代化道路，即中国特色社会主义道路。中国是依靠自力更生，依靠中国人民的智慧、努力和艰苦奋斗实现和平崛起的。毫无疑义，通过改革开放批判借鉴西方现代化的经验和教训，学习西方发达国家的先进科学技术也发挥了重要作用，今后我们仍然要学习西方发达国家的先进科学技术。

新中国成立 70 年来，我们在中国道路、理论和制度建设取得伟大成就基础上，重建了由于近百年惨痛历史而遭贬损的文化自信力。中国人民的精神得到空前解放。我们当然不会满足已有的成就。中国道路符合中国国情，但这条道路并不平坦，我们仍然有不少未知领域，有不少未知规律需要掌握，需要进一步总结经验。我们也知道一个比较成熟的具有中国特色的社会主义国家制度仍然在继续完善中。中国特色社会主义理论同样要与时俱进。我们并不认为我们不存在任何社会问题。重要的是以习近平同志为核心的党中央正视问题，而且正在逐步解决面对的问题。判断一个社会的优劣并不是有没有问题，而是是否解决问题，按照谁的利益解决问题。中国在发展，中国在崛起，这是任何势力都无法阻挡的。

三、在守正创新中坚定文化自信

牢固树立文化自信，必须坚持"守正创新"。

守正，最核心的内容是要坚持马克思主义在意识形态的指导地位，坚持中国共产党对文化工作的绝对领导，坚决贯彻中国共产党制定的文化政策。我们的各级意识形态主管部门都要坚定贯彻落实党的路线和方针政策，自觉认识到自己在意识形态领域中肩负的守正创新的责任，反对任何官僚主义和形式主义。只管发文件而不管检查落实的官僚主义，只管热热闹闹做表面文章而不管实效的形式主义，都有百害而无一利。

守正，要求各级意识形态主管部门的领导既要有守正的坚定性，也要有政策观念和领导艺术。意识形态领域是知识分子，包括高级知识分子最为集中的领域。知识分子由于职业和工作方式的特点，最看重的是"自我创造"，最倾心的追求是"学术自由"、"创作自由"和人格的"独立和尊严"。我们应该理解这种要求的正当性和合理性。但又不能任凭错误思潮在这种正当要求掩盖下沉渣泛起。"左"掩盖下的右，和右掩盖下的"左"，一种倾向掩盖另一种倾向，在意识形态领域并不罕见。这要考验领导者的水平和领导艺术。意识形态部门的工作不是一种单纯的行政工作，而是思想工作，是做人的工作。既要尊重知识分子，满足知识分子的合理要求，充分调动其积极性，繁荣发展中国的哲学社会科学和文学艺术，又要正确引领，对错误思潮开展严肃的批评教育和斗争。"宽"与"严"、"紧"与"松"，这是意识形态领域中的一个多种矛盾结成的"扣"，要使这个"扣"不变成"死结"，必须讲究领导艺术，既要有原则性又要有灵活性。缺乏灵活性，则妨碍发挥思想创造性，无助于哲学社会科学和文学艺术的发展；放任自流，让各种错误思潮自由传播，就会危及文化安全，从而危及我们的社会主义制度。

要区分政治问题和学术问题。学术观点应该提倡"双百"方针。对在课堂上挑战"四项基本原则"的观点应该进行批评、教育和坚决斗争。现在高校"告密"和"告密者"成为少数人炒作的热词。面对几十、几百人的课堂本无密可言。课堂本不是教员的私人领地，而是面对学生教书育人的公共空间。如果有的学生对教员的讲课内容有不同看法，可以向老师提出，或者以不同的方式向院系或学校反映。教师有教师的权利，学生也有学生的权利。如果说，不管大是大非，学生只有一律照单全收保持沉默，不能有不同的看法，这种要求极不合理。"告密""告密者"历来为人所不齿，这个称号最容易丑化学生。我想起了黑格尔的哲学短文《谁在抽象思维》，说贩卖臭鸡蛋的小贩完全不提臭鸡蛋而从头到脚编派顾客的不是。用"告密""告密者"称呼反映问题的学生，而有些评论者也以谴责学生和学校来凸显自己占领道德制高点。甚至有人危言耸听，说高校教师是"高危职业""人人自危"，给人一种唯恐天下不乱的感觉，实在令人生疑。我真诚希望维护正常的教学秩序，培养风清气正的教风和学风。老师认真传道授业解惑，学生尊师重教，建立和谐的师生关系。

既要守正，还要创新。关于文化创新的规律，毛泽东提出了六字箴言：继承、借鉴、创造。"我们必须继承一切优秀的文学艺术遗产，批判地吸收其中一切有益的东西，作为我们从此时此地的人民生活中的文学艺术原料创造作品时的借鉴。有这个借鉴和没有这个借鉴是不同的，这里有文野之分，粗细之分，高低之分，快慢之分。所以我们决不能拒绝继承和借鉴古人和外国人，哪怕是封建阶级和资产阶级的东西。但是继承和借鉴决不可以变成替代自己的创造，这是决不能替代的。"毛泽东讲的是文学艺术，但它对人文社会科学具有普遍的适用性。

文化创新必须基于继承和传承。在空地上可以建筑大楼，在文化废墟上不可能创新和发展文化。魏征在《谏太宗十思疏》中说，"求木之长者，必固其根本；欲流之远者，必浚其泉源"。固本培元，则根深叶茂；浚源疏河，则源远流长。我们只要懂得中国的文化发展史，就会信心百倍。因为我们的祖先确实为我们留下了丰富的思想遗产，而且在历代传承中得到创新发展。

继承中国传统文化，往往会碰到拦路虎，说中国封建社会的思想是封建的，不能继承。关于这个问题，毛泽东有过回答，封建社会的东西并不等于都是封建的东西，其中有不少包含人民性的东西，即使是封建的东西也要分析。我们只要读读屈原的《离骚》中的"长太息以掩涕兮，哀民生之多艰"；柳宗元在《送薛存义之任序》中，痛斥官吏，为百姓鸣不平；黄宗羲在《原君》中直指皇帝为"独夫"，矛头直指君主专制。这些思想，至今仍然闪闪发光。

在哲学的创新中，这种误解更多。有些学者认为坚持马克思主义的基本观点会冲淡中国传统文化的丰富性和合理性，特别在中国哲学领域最忌讳最厌烦的是唯物主义与唯心主义的区分。例如，它们不愿意承认王阳明"心学本体论"中包含某些唯心主义成分。因为它们有个传统看法，如果承认唯心主义成分就是对它的否定。王阳明的"人心是天渊，心之本体无所不该"，"致良知"就是将此障碍窒塞一齐去尽，回复本心。王阳明的"知行合一"是"致良知"，是回归本心的途径。冯友兰先生也说，宋明理学中有三派：气学是唯物主义，理学和心学是唯心主义。唯心主义不能简单等同于错误，按列宁的标准阳明心学属于聪明的唯心主义。它继承中国儒学道德伦理特性，强调"除私去蔽""回归本心"，反对私欲窒心，失去做人的本分。这对道德培养、道德自律有积极意义。现在的"阳明心学热"，从道德修养角度来说有可取之处，因为当代人的物欲和功利主义太重，轻视道德修养，宣传"阳明心学"有正心诚意补错纠偏之功。正是在这个意义上，习近平总书记把共产党人的党性修养称之为"共产党人的心学"，强调"知行合一"。但与王阳明强调的回归本心，向内用力不同，共产党人的知行合一就是理论与实践的统一，是认识世界和改造世界的统一，是共产主义的理想信念与自己行为的统一。社会主义核心价值观的培育不能脱离中国特色社会主义实践，不是回归本心发现固有的良知，而是要接受理想和信念的教育与培养，并且在实践中经受考验。习近平总书记在中央党校（国家行政学院）中青年干部培训班开班式上发表重要讲话时强调："广大干部特别是年轻干部要在常学常新中加强理论修养，在真学真信中坚定理想信念，在学思践悟中牢记初心使命，在细照笃行中不断修炼自我，在知行合一中主动担当作为，保持对党的忠诚心、对人民的感恩心、对事业的进取心、对法纪的敬畏心，做到信念坚、政治强、本领高、作风硬。"在我看来这是对"阳明心学"的合理吸取和改造，也可以看作是对中华优秀传统文化进行创造性转化和创新性发展的一个范例。我们对中国传统文化最重要的是在继承基础上进行创造性转化和创新性发展，而不是简单附会和类比。这是一项重要而极具学术性的工作。

要创新，必须反对文化民粹主义。中华民族是爱好和平的民族。我们不主张"东方文化优秀"论，更不会搞"中国中心"论。我们不会重复明清曾经发生过拒绝西方文明的无奈和错误。事实上，改革开放40年，中国介绍西方的文化远远超过西方介绍中国的文化。中国人对西方的了解也远远超过西方一些人对中国的了解。在全面深化改革开放中，我们还将通过文化交流吸收借鉴人类文明优秀成果。我们派遣的留学生之多也是世界上少有的。我们主张世界文化多样性，提倡文化交流互鉴，反对"文明冲突"论。我们的"一带一路"倡议就不仅是经济合作共同发展，而且也是一种文化交流的最好渠道。我们相信，在文化交流互鉴中批判借鉴世界其他文化的有益成果对于我们的创新是有价值的。

当然，在处理本土文化和外来文化关系上不可能是简单的拿来主义。我们对外来文化的吸收与传播，取决于两个因素：一个是外来文化优秀性，一个是我们社会的需要和可接受性。社会文化需求与人的营养需要一样，都是吸取有利于自身健康的因素。当中国儒家文化处于主导地位时，在汉代开始印度佛教传入并在唐代达到高潮。儒学入世情结深，佛教的传入有其社会需要，尤其是对那些功名失意的士大夫和宦海浮沉的官僚阶层，比较有吸引力，也最易被他们所接纳。到近代，中国最缺少的是科学技术，西学为用的思想最易接受，但科学与民主的思想与中国封建制度难以契合。在中国解决道路和根本制度问题之前，中国首先需要解决的是如何推翻旧的制度，寻找一条新道路，即中国向何处去的问题。这就是为什么马克思主义在中国的传播比五四新文化运动倡导的科学民主，对先进的革命知识分子更具有吸引力的原因。尽管别的什么主义也曾在中国传播，但都是雨打梨花，好景不长。社会需要是文化吸收的过滤器，不经过社会这个过滤器，文化的传播只能是暂时的，更不用说生根发芽。马克思主义之所以生根发芽，并实现马克思主义中国化，其原因正在于此。正是有了马克思主义在中国的广泛传播，才有了中国共产党成立和中国革命的胜利，才使科学技术得到迅猛发展，才使社会主义民主在新的制度下得以生根发芽，并且随着中国道路和制度建设不断完善得到新的更大发展。

要守正创新必须坚决贯彻以人民为中心的原则。坚持以人民为中心是守正，因为人民是历史创造者，是社会主义社会的主人，这是马克思主义的基本观点。背离这个原则，守正无从谈起。同时，以人民为中心又是创新的动力和源泉。中国文化的创新，包括哲学社会科学和文学艺术，脱离人民，自拉自唱，终究走不出房门，至多是自己的小圈子里，或者微信群里相互点赞。

文化上无知、无助，这是一些人对人民群众在文化领域中作用的看法。这种看法当然是错误的。无论古今中外，伟大思想家、文学家、艺术家对文化的个人贡献值得我们尊敬。但是人民生活是一切思想文化的源泉，没有人民的实践和他们在实践中积累的智慧，也就不可能有伟大的文化产品。马克思说："哲学家并不像蘑菇那样是从地里冒出来的，他们是自己的时代，自己的人民的产物，人民最美好、最珍贵、最隐蔽的精髓都汇集在哲学思想里。"马克思关于哲学所说的话适用于作为观念形态的思想文化。"最美好、最珍贵、最隐蔽的精髓"就存在于人民的普通的日常生活或激烈的斗争生活中，存在于生活中的真善美与假丑恶的斗争中。只是这个"最美好、最珍贵、最隐蔽的精髓"并非人人可见、人人能见。哲学家、思想家、文学家之所以是哲学家、思想家、文学家，正在于他们有善于思维的哲学头脑，有善于捕捉生活之美的审美眼光。他们越是深入人民生活，越是能发现别人看不到体会不到的人民生活中的"最美好、最珍贵、最隐蔽的精髓"。看到人民的伟大才能成就他自身的伟大，人民性可以说是一切思想文学艺术的通灵宝玉，得之者生，失之者死。

在文化领域，人民大众不只是生活的源泉，不只是从根本立场和价值观上决定文化产品的优劣高低，事实上，人民同样是文化创造的参与者。他们虽然不是传世的文化典籍的作者，但在物质和非物质文化领域，普通的人民群众往往占有最突出的主导地位。精美的石雕、木塑、泥塑，各种传统的工艺、手艺，给人类文化留下了许多珍贵的瑰宝。他们是没有留下姓名的木匠、石匠、泥瓦匠、裱匠，绣工、织工手艺人。我们引以为豪的敦煌石窟、龙门石窟，以及隐藏于天下名山中的许多寺庙建筑、江南园林，其建造者大多是普通的劳动者。我们不仅要牢记那些著名思想家和他们留下的经典，我们同样要记住那些生活在底层对人类文化作出贡献的无名无姓的普通百工技艺人。我们的故宫博物院中，除了名人字画外，还有作为国宝的青铜和各种名窑瓷器，一般没有人知道制作者是谁。在人类文化领域，如果我们排除非物质文化遗产就不可能构成人类的文化。而在这一领域中大多是民间的高手名匠，只要读读柳宗元的《种树郭橐驼传》、《梓人传》都能明白这个道理。"高手在民间"，这是在研究文化自信时决不应该忘记的。

　　在移动互联网时代，守正创新当然包括传播渠道和方式的创新。在当代，传播方式的快捷、便利，受众之多是前所未有的。如果主流意识形态不能掌握新媒体，而是拱手让出这个重要阵地，将会使主流意识形态的传播陷入前所未有的困境。

四、结语

我们为新中国成立 70 年所取得举世瞩目的成就感到骄傲。行百里者半九十。我们深知实现中华民族伟大复兴还要面对许多需要解决的老问题和新问题。在前进道路上出现黑天鹅事件、灰犀牛事件都不足为怪。我们既要有忧患意识，又要保持战略定力。社会主义社会不是一次普通的革命，不是王朝更替，也不是西方的政党轮替，而是人类历史上一次社会形态的变革。困难之多，不难想见。世界资本主义从诞生到资本主义制度的逐步建立和完善，经历几百年。资本主义作为取代封建社会的社会制度，对人类社会生产力的发展，对科学技术的推进，对新型政治制度的建立作出过贡献。至今某些资本主义国家在很多科学技术领域仍然处于领先地位。社会主义中国成立才 70 年，改革开放也才 40 年，我们为获得的成就自豪，但要建立一个成熟的发达的社会主义社会，仍需全党全国各族人民团结奋斗。

"自信人生二百年，会当水击三千里"。中国人民不会忘记中国历史上的辉煌，不会忘记中华民族曾经的苦难和牺牲的无数先烈。"不忘初心、牢记使命"。实现中华民族伟大复兴，是中国人民的百年梦想，寄托着中国近 14 亿人民的热切期待，也是真正筑牢文化自信的理论和现实基础。

责任编辑：毕于慧
封面设计：石笑梦
版式设计：孙姗姗
责任校对：徐林香

图书在版编目（CIP）数据

中国百年变革的重大问题/陈先达 著．—北京：人民出版社，2019.9
ISBN 978 - 7 - 01 - 021104 - 6

I. ①中… II. ①陈… III. ①中国特色社会主义 - 社会主义建设模式 -
研究 IV. ① B834.3

中国版本图书馆 CIP 数据核字（2019）第 165213 号

中国百年变革的重大问题
ZHONGGUO BAINIAN BIANGE DE ZHONGDA WENTI

陈先达 著

人民出版社 出版发行
（100706 北京市东城区隆福寺街 99 号）

天津文林印务有限公司印刷 新华书店经销

2019 年 9 月第 1 版 2019 年 9 月第 1 次印刷
开本：710 毫米 × 1000 毫米 1/16 印张：9.5
字数：75 千字

ISBN 978 - 7 - 01 - 021104 - 6 定价：32.00 元

邮购地址 100706 北京市东城区隆福寺街 99 号
人民东方图书销售中心 电话（010）65250042 65289539